COMO FRACASSAR NA RELAÇÃO TERAPÊUTICA

Mais de **50 erros**
para perder
ou prejudicar
seus pacientes

BERNARD SCHWARTZ, PH.D.
JOHN V. FLOWERS, PH.D.

COMO FRACASSAR NA RELAÇÃO TERAPÊUTICA

Mais de **50 erros** para perder ou prejudicar seus pacientes

Artesã

Como fracassar na relação terapêutica:
mais de 50 erros para perder ou prejudicar seus pacientes

1ª edição - 1ª reimpressão, novembro 2025

DIRETOR
Alcebino Santana

DIREÇÃO DE ARTE
Tiago Rabello

TRADUÇÃO
Daniella Soares Portes

REVISÃO TÉCNICA
Akauito Elcino Moreira Teixeira

REVISÃO
Giovanna Marques Hailer Felipe

CAPA
Letícia Ribeiro Ianhez

PROJETO GRÁFICO E DIAGRAMAÇÃO
Conrado Esteves

S399 Schwartz, Bernard, 1923-.
Como fracassar na relação terapêutica : mais de 50 erros para perder ou prejudicar seus pacientes / Bernard Schwartz , John V. Flowers ; tradutora: Daniella Soares Portes. – 2. ed. – Belo Horizonte : Artesã, 2023.
264 p. ; 21 cm.
ISBN: 978-85-7074-091-5

1. Psicologia. 2. Terapeuta e paciente. I. Flowers, John V., 1938-. II. Portes, Daniella Soares. III. Título.

CDU 159.9

Catalogação: Aline M. Sima CRB-6/2645

IMPRESSO NO BRASIL
Printed in Brazil

(31)2511-2040 (31)99403-2227
www.artesaeditora.com.br
Rua Rio Pomba 455, Carlos Prates - Cep: 30720-290 | Belo Horizonte - MG
/artesaeditora

Dedicatória

Aos pacientes, terapeutas e pesquisadores
cujos *insights* iluminam estas páginas.

Bernard Schwartz
John V. Flowers

Nota da edição americana

Esta obra tem como objetivo oferecer informações detalhadas e confiáveis sobre o assunto de capa. Ela é vendida subentendendo-se que o editor não se compromete em prestar serviços psicológicos, médicos ou de qualquer outra natureza.

Os livros da *Coleção Terapia na Prática* trazem respostas para as perguntas "O que devo fazer agora e como devo proceder?" na prática psicoterapêutica, oferecendo conhecimento e experiência de profissionais especializados para o psicólogo clínico. Entretanto, um livro não substitui o treinamento profissional minucioso e o respeito aos padrões éticos e legais.

No mínimo, para a prática da Psicoterapia:

- O profissional deve ser devidamente qualificado.
- Os clientes somente participam das sessões com o consentimento informado.
- O terapeuta não deve "garantir" um resultado específico.

Robert E. Alberti, Ph.D., Editor

Sumário

Prefácio à edição americana

Existe um ponto fraco e, ao mesmo tempo, obscuro na prática bem-sucedida da Psicoterapia que quase nunca é ensinado nos programas de graduação ou nas escolas de Medicina. Na verdade, ele raramente é mencionado. Os currículos básicos em Psicologia, Psiquiatria, Aconselhamento Psicológico e Assistência Social têm como foco as várias teorias, protocolos de pesquisa, instrumentos de avaliação, procedimentos psicométricos, métodos de aconselhamento psicológico e técnicas clínicas, mas têm pouco a oferecer nas decisões terapêuticas do dia a dia. Em outras palavras, não se dá a devida atenção formal à habilidade necessária para fazer entrevistas/sessões e lidar com pequenos lapsos ou erros de avaliação que podem arruinar os relacionamentos.

Perdi a conta de quantos formandos brilhantes estudaram durante anos, obtiveram as notas mais altas em todas as disciplinas, mas faltou-lhes uma noção clara de como falar com o cliente. Eles adquiriram muitíssimas informações relativas aos fundamentos teóricos, leram com maestria as obras de grandes especialistas e tornaram-se capacitados ouvindo opiniões e crenças, principalmente após assistirem a horas de gravações com terapeutas vistos como expoentes. Porém, a formação deixou lacunas no que diz respeito às sutilezas do manejo do cliente. Quase em pânico, eles perguntavam: "O que devo dizer no início? Como quebrar o gelo?". De forma envolvente, os doutores Bernard Schwartz e John Flowers preencheram essas lacunas com muitas dicas, estratégias e intervenções precisas, obtidas principalmente a partir de pesquisas sobre a eficácia clínica e de suas experiências.

Fico apavorado ao lembrar dos anos de 1960, quando eu, recém-doutor em Psicologia Clínica, fui considerado competente e qualificado para as consultas particulares e entrei no meu consultório com móveis novíssimos para atender aqueles que precisavam de cuidados psicoterapêuticos. Agora, com a vantagem de uma experiência acumulada que chega a quase 48 anos, não seria um exagero dizer que eu não sabia praticamente nada. Da experiência fria e inanimada vivida na universidade e dos bloqueios mentais vencidos para nela chegar, pouco pude levar para dentro do consultório. Talvez, o melhor conselho que recebi foi o de um supervisor durante um dos meus estágios em um hospital-dia em Londres. "Seja você mesmo, mas preste atenção aos seus sentimentos", ele disse. Em outras palavras, não seja escravo de uma teoria rígida, não aja simplesmente segundo as regras, confie na sua intuição, mas não sem antes questioná-la, e lembre-se de não deixar de agir com determinação.

Enquanto eu lia a prova de impressão deste livro, imaginei o impacto que esta leitura, em 1960, teria sobre a minha carreira. Certamente, muitas das habilidades técnicas terapêuticas e respostas para os quebra-cabeças clínicos que precisaram ser aprendidas da maneira mais difícil, por tentativa e erro, teriam aperfeiçoado meu repertório clínico de forma quase imediata. A leitura teria me capacitado a construir uma trajetória para desviar de muitos obstáculos e armadilhas. É o que acontece a qualquer pessoa que venha a ler o livro hoje: ela receberá, "de bandeja", doses de conhecimento clínico indescritível! Isso não quer dizer que eu concorde com tudo o que está no livro. Entretanto, esta é a melhor parte: ele estimula você a pensar. Os doutores Schwartz e Flowers, é claro, pensaram, leram e fizeram experiências de forma muito criativa para elaborar um livro tão útil. Se você trata, treina ou faz aconselhamento psicológico, ou se atua na área da supervisão clínica, ele facilitará muito o seu trabalho, além de torná-lo mais eficaz.

Arnold A. Lazarus, Ph.D., ABPP[1]

[1] Prof. Emérito de Psicologia da Universidade Rutgers e Diretor Executivo do Instituto Lazarus, em Skillman, Nova Jersey.

Prefácio à edição brasileira

Qual o papel do fracasso no processo de formação e atuação do psicólogo?

A cultura do sucesso difundida e retroalimentada no mundo pós-moderno leva a desdobramentos distintos que impactam a formação profissional em diferentes áreas. Na grande área da saúde, o sucesso como exemplo tornou-se quase uma obrigatoriedade, delegando assim, pouca importância para o fracasso enquanto parte do processo de aprendizagem.

Nesse sentido, o império do sucesso assume uma das dimensões daquilo que hoje compreende-se como excesso de positividade[2], na qual reduz o campo da aprendizagem e da atuação profissional ao domínio do desempenho, considerando sempre a eficiência, o rendimento e, por fim, um ideal.

Contudo, existe uma linha tênue que separa posturas diametralmente opostas no que se refere ao fracasso. Se por um lado ele assume um papel primordial como elemento deste longa e contínua formação, por outro lado, uma postura não analítica sobre seus atos pode levar a uma atitude de relativizar fracassos na prática, contribuindo, assim, para condutas de risco no ambiente profissional.

2 HAN, Byng-Chul. *Sociedade do Cansaço*. 2. ed. Petrópolis: Vozes, 2017.

Uma conduta ética em Psicologia deve, portanto, considerar as possibilidades de insucesso, seus custos e desdobramentos, uma vez que, para além de um prejuízo nas relações, um fracasso em Psicologia envolve em última análise um risco ou prejuízo à vida humana.

Como Fracassar na Relação Terapêutica: mais de 50 erros para perder ou prejudicar seus pacientes traz, além de valiosos conteúdos a serem abordados com relação à prática clínica, um "espaço" para o diálogo sobre o fracasso. Este trabalho é fruto da longa trajetória dos doutores Bernard Schwartz e John V. Flowers, enquanto professores, pesquisadores, autores de artigos e livros e supervisores de psicologia clínica.

Desde sua primeira edição em língua inglesa, o valor histórico e clínico deste livro é mensurado por sua procura por parte de profissionais, bem como a sua aplicabilidade. A atual segunda edição em língua portuguesa corrobora ainda mais para a transformação desta obra em um clássico para os iniciados ou iniciantes na prática de psicologia clínica. Esta transformação em um clássico passa por no mínimo dois pontos importantes a serem explanados: em primeiro lugar, resistindo ao teste do tempo, este livro se revelou um material voltado à exposição do raciocínio clínico, e não somente da técnica (ou do tecnicismo). E por fim, ao voltar-se para contextos diversos e práticos, esta obra ilustra diversas situações factíveis nas quais o psicólogo pode visualizar-se.

Dito o essencial, recomendo não só uma ótima leitura, mas também, boas reflexões e um excelente aprendizado.

Akauito Elcino Moreira Teixeira[3]

---

[3] Psicólogo Clínico CRP 04/43900. Especialista em Avaliação Psicológica e Psicodiagnóstico pela PUC – Minas. Mestre em Ensino, pela PUC – Minas.

INTRODUÇÃO

Em um livro lançado recentemente, os "mestres terapeutas" tinham que relatar um exemplo de erro terapêutico em suas carreiras. Um dos terapeutas confidenciou que seria praticamente impossível citar apenas um exemplo, visto que ele cometia muitos erros todos os dias.

W. Glasser (2002)

Dependendo do estudo que você ler, entre 20% e 50% dos clientes não retornam após a primeira sessão. Outros 37% a 45% somente vão, ao todo, a duas sessões de terapia.

D. G. Cross e C. E. Warren (1984)

Vejamos: de um lado, altos índices de abandono dos tratamentos terapêuticos e, de outro, alta incidência de erros dos terapeutas... Não é preciso ter um doutorado em Psicologia Clínica para desconfiar da existência de uma relação entre os dois fatores. Na verdade, os clientes[4] costumam apontar a insatisfação com seus terapeutas como o motivo para o término antecipado da terapia (Acosta, 1980; Cross e Warren, 1984; Hynan, 1990). E os clientes que abandonam o tratamento precocemente apresentam resultados inferiores,

[4] Embora o termo *cliente* seja mais indicado, também utilizamos *paciente* ao longo deste livro para evitar redundâncias.

super utilizam os serviços de saúde mental e desacreditam os terapeutas. É um gráfico impressionante: da insatisfação do cliente ao abandono, aos resultados inferiores, aos terapeutas desacreditados que podem – eles mesmos – precisar de terapia...

Pior: um estudo longitudinal sobre o abandono dos clientes concluiu que a maioria dos terapeutas ou não sabia o motivo de seus pacientes interromperem as sessões, ou acreditava que eles estavam satisfeitos com o tratamento. Porém, seus clientes podiam apontar "erros terapêuticos" muito específicos ou deficiências do terapeuta como sentir-se desconfortáveis ao falar com ele (Hynan, 1990). A conclusão é de que nós, terapeutas, somos tão especialistas em negação, dissimulação e racionalização (dependendo da sua escola de pensamento) quanto nossos clientes.

Agora, a boa notícia (afinal de contas, a terapia deve ser otimista): existem várias estratégias amplamente pesquisadas que diminuem comprovadamente os índices de abandono e aumentam os resultados positivos dos tratamentos. Por exemplo, em um dos estudos, uma simples ligação telefônica para confirmar a primeira consulta do cliente resultou na diminuição dos abandonos em dois terços. Infelizmente, é muito trabalhoso buscar e ler rapidamente muitas das pesquisas relevantes, pois elas estão espalhadas por toda a literatura – um artigo aqui, um capítulo de livro ali. E, infelizmente, a maior parte dos profissionais de saúde mental, com ou sem doutorado, quase não prioriza a leitura de pesquisas.

Portanto, uma tarefa muito importante ao escrever este livro foi agrupar, organizar e condensar o grande número de pesquisas abordando a eficácia terapêutica. Acreditamos piamente que as decisões sobre os tratamentos devem basear-se nas melhores pesquisas científicas disponíveis. Antigamente, não era assim. Por exemplo, no decorrer do século passado, alguns especialistas "renomados" concluíram que as mães eram responsáveis por um grande número de transtornos emocionais de seus filhos: o autismo era supostamente causado por mães-geladeiras; a asma, por mães opressoras; e a esquizofrenia, por mães que enviavam mensagens "confusas".

Essas ideias, sem qualquer tipo de embasamento científico, eram baseadas em experiências pessoais, no bom e velho senso comum e em uma boa dose de megalomania. Resultado: inúmeros pais com sentimento de culpa sofreram desnecessariamente durante décadas até que as pesquisas descobrissem as bases biológicas desses e de muitos outros transtornos emocionais.

Começaremos nossa exploração dos "mais de 50" erros terapêuticos mais comuns, abordando os estágios iniciais da terapia. No Capítulo I, *Como errar antes mesmo de começar a terapia – A entrevista inicial*, analisamos como os terapeutas costumam errar ao avaliar as expectativas dos clientes e de que forma isso acarreta resultados terapêuticos negativos. O Capítulo II, *Como fazer avaliações psicológicas incompletas*, discute fatores clínicos geralmente negligenciados, tais como a "reatância psicológica" do cliente, que pode impactar sobremaneira as decisões do tratamento.

Uma das áreas mais pesquisadas na Psicoterapia envolve a construção da "aliança de trabalho" terapeuta-cliente. No Capítulo III, *Como destruir o relacionamento terapeuta-cliente*, e no Capítulo IV, *Como evitar a colaboração com o cliente*, investigamos os erros clínicos que fazem muitos clientes se sentir "desamparados" apesar dos grandes esforços de seu terapeuta em expressar acolhimento e empatia. Também identificamos erros comuns na busca e na resposta ao *feedback* do cliente sobre a relação terapêutica. Em seguida, no Capítulo V, *Como ignorar a ciência*, identificamos vários fatores que impedem os terapeutas de confiar em protocolos de tratamento pesquisados cientificamente. O Capítulo VI, *Como estabelecer limites inadequados entre o terapeuta e o cliente*, analisa os erros na demarcação dos limites, tais como superidentificação ou fusão com o cliente, limites excessivamente rígidos e exposição inadequada do terapeuta.

Nos Capítulos VII a XI, analisamos os erros terapêuticos cometidos ao longo do próprio processo de tratamento. Isso inclui *Como fazer com que o cliente não cumpra as tarefas*, *Como piorar atitudes que já são ruins*, *Como não confrontar os clientes*, *Como fazer com que os clientes recusem o uso de medicamentos* e *Como não encerrar a terapia*.

O Capítulo XII, *Como o terapeuta pode chegar ao esgotamento físico e mental*, descreve o "universo interior" do terapeuta e a necessidade do autocuidado, que é tão importante para aqueles que escolheram profissões que têm a ajuda ao próximo como objetivo. Esses profissionais podem mergulhar de tal forma nas vidas alheias, "em suas esperanças, ideias, objetivos, aspirações, sofrimentos, medos, desespero, raiva..." (ROGERS, 1995), que correm o risco de perder de vista as próprias necessidades. E, sem o devido autocuidado, eles tendem a não ser tão pacientes, cuidadosos e positivos quanto precisam ser. Como disse Carl Rogers, o pai da Psicologia Humanística, no fim de sua carreira: "Sempre fui melhor cuidando dos outros do que de mim. Porém, nos últimos anos, tenho progredido" (ROGERS, 1995).

O Capítulo XIII, *Como não trabalhar com as crianças* superidentificação, aborda sete dos erros mais comuns cometidos pelos terapeutas que trabalham com crianças. Tal como acontece com os adultos, a taxa de abandono das crianças (e de seus pais) na terapia é extremamente alta e isso reflete o fato de que as crianças são céticas em relação à terapia, desconfiadas dos terapeutas e resistentes para falar sobre preocupações pessoais. Assim, a tarefa inicial é diferenciar-se, de alguma forma, dos outros "adultos" que estão sempre dizendo a elas o que fazer e como pensar.

Por fim, focaremos no erro mais comum que observamos ao supervisionar esses profissionais – "falar demais na Psicoterapia". As crianças são mais práticas do que expressivas e isso é particularmente verdadeiro quando você está tentando fazer com que elas falem sobre coisas que elas não querem falar – mau comportamento, eventos traumáticos, experiências constrangedoras. Assim, neste capítulo, disponibilizamos várias de nossas intervenções favoritas e nada convencionais que dependem menos da fala e mais da ação.

No Capítulo XIV, enfatizamos a necessidade de reconhecer o "poder de resiliência humana". Muitas vezes, quando as pessoas vivenciam uma crise, os terapeutas instintivamente sentem que um aconselhamento voltado para ela é necessário. Na verdade, alguns estudos recentes mostraram que o *debriefing*[5] pode realmente piorar as coisas. Como terapeutas, precisamos reconhecer que a maioria das pessoas lida bem com os desafios da vida se tiver espaço para ativar os próprios recursos internos de cura.

Ao falar sobre erros terapêuticos, Arnold Lazarus, um dos principais inovadores na área, descreveu seu trabalho com estudantes de pós-doutorado assim: "Muitas vezes, discutimos os erros que cometemos, os motivos pelos quais não devemos escondê-los e o que podemos aprender com eles" (LAZARUS, 2002). Infelizmente, um grande número de terapeutas não aceita e, tampouco, reflete sobre sua falibilidade.

---

[5] N.T.: O termo em inglês *debriefing* é usado na língua portuguesa para se referir a uma intervenção de crise oferecida, em uma única sessão, às vítimas de um evento traumático, tais como enchentes, terremotos, acidentes de trânsito etc., a fim de aliviar os sintomas agudos de estresse e prevenir o surgimento de sintomas pós-traumáticos.

Portanto, encerramos esta introdução apresentando o que consideramos ser o primeiro e principal erro terapêutico: não reconhecer nossas limitações como terapeutas (Cada erro terapêutico descrito neste livro é seguido por uma seção intitulada "Como evitar o erro", que oferece estratégias práticas para aperfeiçoar a eficácia clínica.)

ERRO Nº 1
Não reconhecer nossas limitações como terapeutas

Reconheça suas limitações
ou elas vão tiranizar você.
M. Cooley (1996)

Controlar nossos egos é um desafio que muitos de nós nunca enfrentaremos. Com nossos diplomas, títulos e gabinetes cuidadosamente mobiliados, é difícil para nós não nos levarmos muito a sério.
J. Kottler (2003)

Após anos e anos de estudos, avaliações exaustivas, supervisão de pós-graduação e exames para obter a licença profissional, é bastante natural que nós, profissionais da área de Saúde Mental, acreditemos ter (ou que devemos ter) todas as respostas para as questões clínicas e que jamais podemos errar. Assim, quando os pacientes expressam suas preocupações com o seu progresso ou, pior ainda, quando desistem ou pioram sob nossos cuidados, existe uma tendência a não aceitar a responsabilidade pelos possíveis erros terapêuticos cometidos. É mais fácil apontar o dedo para outro lugar: "talvez, os problemas fossem sérios demais, o paciente não estivesse pronto ou disposto a mudar, o problema era biológico". Essas explicações, mesmo que parcialmente válidas, evitam que nos engajemos em um processo de autorreflexão ou em uma avaliação do que pode ter saído errado em determinado caso.

Certamente, é mais fácil para os terapeutas colocar a culpa pela alta taxa de abandono da terapia o mais longe possível de si mesmos. No entanto, há um dado persistentemente incômodo que indica de maneira robusta que quando os clientes desistem, pelo menos parte da responsabilidade recai sobre o profissional. O fato é que alguns de nós são muito melhores em manter os clientes tempo o suficiente para ajudá-los. Esses terapeutas devem estar fazendo algo diferente daqueles com maiores taxas de abandono prematuro. Em um seminário recente, onde essa informação foi apresentada, um participante se opôs afirmando que, "talvez, os terapeutas com baixa taxa de abandono são, antes de tudo, mais seletivos quanto aqueles que vão aceitar como clientes". Em outras palavras, eles aceitam clientes com os quais é mais fácil de trabalhar. Boa tentativa, mas não existem dados para embasar essa percepção. Parece não haver fim para a lista de possíveis justificativas para a perda de clientes. Nossa premissa é que o cerne das razões para a baixa taxa de abandono de alguns terapeutas é que eles aceitam mais as suas limitações e falibilidades.

Foi solicitado a um grupo de estagiários que descrevessem um caso em que um de seus clientes interrompeu a terapia precocemente antes de resolver o problema para o qual tinha procurado ajuda. Um estagiário descreveu o caso de um cliente de 10 anos que havia sido encaminhado por seu professor porque ele parecia desolado com o divórcio de seus pais. Durante a primeira sessão, o estagiário investigou o efeito da separação dos pais, e o cliente se emocionou e quis mudar de assunto. Entretanto, o estagiário insistiu e o cliente se levantou em lágrimas, recusando-se a retornar à terapia desde então. O supervisor respondeu a apresentação do caso, enfatizando a necessidade de os terapeutas serem muito cautelosos nas primeiras sessões, particularmente ao evocarem conteúdos difíceis dos clientes. Antes que o supervisor pudesse se estender, o estagiário o interrompeu dizendo: "Já estou discutindo este caso com meu outro supervisor, então, eu não deveria receber informações de vocês dois". Este é um sinal claro de que ele não queria enfrentar a possibilidade de não ter lidado com o caso com a delicadeza necessária.

Este livro baseia-se na premissa de que todos nós falharemos uma vez ou outra nas nossas práticas clínicas. Alguns pacientes interromperão inesperadamente o tratamento, outros reclamarão com razão da falta de progresso e outros, ainda, irão nos decepcionar. Podemos nos atrasar para uma sessão, errar na cobrança de uma consulta ou, até mesmo, agendar dois pacientes no mesmo horário. Parece não haver outra solução para a nossa falibilidade a não ser a negação, e nós, como terapeutas, sabemos muito bem quais são as consequências da negação.

Aceitar nossa falibilidade traz vários benefícios. Ela nos mantém humildes, lembrando-nos de que não temos todas as respostas. A consciência das nossas imperfeições também pode nos conduzir rumo ao aperfeiçoamento de nossas habilidades, mantendo-nos atualizados, consultando nossos colegas e participando de *workshops* pela alegria de aprender, e não apenas para aumentar os créditos em nossos currículos. A aceitação também nos liberta de muitos fardos: não temos mais que inventar desculpas elaboradas para nossos erros (culpando o cliente ou as circunstâncias), ter sentimento de culpa (não precisamos ser perfeitos) e ter a liberdade de admitir nossos erros para nós mesmos, colegas e clientes.

Como evitar o erro

1. Use o "fracasso" como uma oportunidade para aprimorar suas habilidades clínicas. Arnold Lazarus escreveu que quando os clientes interrompem prematuramente a terapia, ele não especula por que eles se juntaram às fileiras dos "desaparecidos". Em vez disso, ele lhes escreve uma carta cordial convidando-os a retornar para uma consulta gratuita, a fim de discutir o que foi ou não útil na terapia. Além disso, Lazarus enfatiza a importância de rever regularmente as anotações do caso clínico para ver quais clientes parecem estar indo bem e quais estão progredindo lentamente. Isso nos dá a oportunidade de refletir sobre os casos clínicos mais difíceis e procurar maneiras de modificar adequadamente o plano de tratamento.
2. Envolva-se nas mesmas intervenções cognitivas que utilizaria com um cliente. Por exemplo, se um cliente interromper o tratamento precocemente, você pode sentir-se péssimo no começo. Porém, compare o seu índice de "interrupções" com a média que, como mencionamos anteriormente neste capítulo, pode chegar a 50%. Felizmente, ao considerar todos os dados, seus sucessos e fracassos, você descobrirá que seu índice de sucesso é melhor que a média. Se não for, então, talvez você deva utilizar uma ou duas ferramentas de autoavaliação incluídas neste livro. Essas avaliações, discutidas no próximo capítulo do livro, podem ajudar os terapeutas a identificar áreas problemáticas conhecidas por interferir no resultado terapêutico positivo.
3. Conte a um colega de confiança quando achar que errou com um cliente. Com o passar do tempo, revelar

suas imperfeições fica mais fácil e diminui sua força, e seus colegas vão respeitá-lo por sua honestidade e autorreflexão.

4. Lembre-se da máxima de Carl Jung: "O perfeito é inimigo do bom". Para enfrentar um pensamento perfeccionista no momento do fracasso, pergunte-se: "O que pode acontecer como resultado deste insucesso?"; "Você também pode utilizar a 'regra dos seis meses', de Arnold Lazarus, perguntando-se: 'Será que em seis meses eu me lembrarei disso?'".

Na revisão da literatura sobre os traços dos "mestres terapeutas", descobrimos que uma das características em comum entre eles é a humildade – o reconhecimento de suas próprias limitações. Como disse um famoso terapeuta, "os péssimos terapeutas não sabem o que não sabem" (JENNINGS; SOVEREIGN e BOTTORFF, 2005). Esperamos que este livro sirva para lembrá-los de que todos nós estamos passando por processos evolutivos.

I. Como errar antes mesmo de começar a terapia – A entrevista inicial

Quanto menos pensamos, no decorrer do processo terapêutico, em categorias diagnósticas e rótulos, melhor.
I. Yalom (2003)

Realizar uma entrevista inicial incompleta com o cliente é uma das formas mais infalíveis de reduzir a eficácia terapêutica. Em tempos de terapia "*drive-through*" baseada no modelo HMO[6], os terapeutas muitas vezes estão sob forte pressão para focar no que realmente importa ao resolver os problemas apresentados por um cliente. Muitos dos clientes que atendemos foram encaminhados devido a alguns tipos de dificuldade aparentemente simples – déficits de habilidades parentais, manejo da raiva, abuso de substâncias ou relacionamentos sociais ruins – problemas que parecem bastante nítidos. Assim, depois de reunir as informações necessárias sobre o histórico clínico e desenvolvimental, nós nos saímos bem ao oferecer ao cliente

---

[6] N.T.: HMO ou *Health Maintenance Organization* é um dos principais tipos de planos de saúde nos Estados Unidos, no qual o paciente paga um valor fixo mensal e tem um médico de referência para atendê-lo (um clínico geral). Caso seja necessário, ele encaminha o paciente para um especialista. Em outras palavras, o paciente não pode escolher um especialista para atendê-lo. Além disso, o número de consultas e exames é limitado (p. ex.: 20-25 sessões de Psicoterapia por ano).

intervenções apropriadas e testadas ao longo do tempo, tarefas de casa, materiais de leitura e uma lista de grupos de apoio úteis.

Infelizmente, muitas vezes, essa "pressa para agir" traz resultados terapêuticos insatisfatórios para os pacientes. De fato, as pesquisas mostram que apenas 20% dos clientes que se apresentam para o tratamento estão preparados para uma terapia orientada para a ação, a fim de falar sobre seus problemas. E quando esses clientes recebem intervenções que não levam isso em conta, a taxa de sucesso é de apenas 6%. Então, o que mais precisamos saber sobre os clientes, além de sua história clínica, é uma descrição de "quem, o quê, quando e onde" sobre o problema apresentado. Neste capítulo, analisamos uma série de áreas que os terapeutas frequentemente desconsideram ao elaborar os planos de tratamento; áreas que deveriam fazer parte de uma entrevista inicial completa e abrangente.

ERRO N° 2
Ignorar os pontos fortes, as habilidades e os recursos do cliente

No campo da Psicoterapia, o termo "a Bíblia" tornou-se sinônimo da publicação conhecida como *Manual Diagnóstico e Estatístico de Transtornos Mentais*, Quarta Edição (DSM-IV-TR). Este compêndio minucioso de distúrbios emocionais foi publicado pela primeira vez em 1952. Desde então, o DSM-JV-TR passou por uma série de revisões (quatro grandes e várias pequenas) e continua a adicionar novas categorias de diagnóstico (distúrbios do sono, por exemplo). Além disso, ele se tornou consideravelmente mais abrangente ao longo das décadas, passando de meras 138 páginas no início para mais de 800 páginas em sua versão mais recente.[7]

Atualmente, pede-se a todo estudante que ingressa nas áreas de Psiquiatria, Psicologia, Assistência Social e Aconselhamento Psicológico que praticamente memorize o DSM-IV-TR. Consequentemente, os profissionais da nossa área aumentaram muito sua base de conhecimento sobre critérios diagnósticos, dados estatísticos populacionais e prognósticos dos distúrbios emocionais. Lamentavelmente, esse avanço também tem uma desvantagem. Ele deu origem a uma ênfase excessiva na Patologia até a quase exclusão do que é saudável, resiliente e habilidoso nos clientes a que atendemos.

Ao mesmo tempo que as áreas do Diagnóstico e da Avaliação se tornavam mais sofisticadas, uma visão alternativa do potencial humano também estava avançando. Teóricos como Carl Rogers, Abraham Maslow e Victor Frankl estavam entre os precursores daqueles que tendiam a ter uma visão mais ampla do cliente ao olhar em direção à capacidade humana para além da Patologia. O trabalho de Milton Erickson, que enfatizava os recursos do cliente, estava na vanguarda dessa nova perspectiva.

Seguindo o exemplo de Erickson, vários outros terapeutas e pesquisadores exploraram a ideia de utilizar os pontos fortes do cliente como um recurso no tratamento de problemas emocionais. A Terapia Narrativa evita o foco exclusivo em problemas e doenças, explorando as histórias alternativas dos clientes – ocasiões em que comportamentos saudáveis e produtivos foram emitidos em vez das respostas contraproducentes usuais.

---

[7] Nota Técnica: Publicado no Brasil, em 2023, a última versão do *Manual Diagnóstico e Estatístico de Transtornos Mentais* é o DSM-5-TR, composto por 1152 páginas.

No livro *Narrative Counseling in Schools* (Winslade e Monk, 2006), uma história alternativa ajuda uma criança a descobrir que seu mau comportamento frequente é simplesmente um aspecto de sua personalidade.

> Ryan foi descrito como "incorrigível" por seus professores. Ele passava tanto tempo na diretoria quanto na sala de aula. Suas principais transgressões giravam em torno do comportamento agressivo e de *bullying*. O conselheiro[8] de Ryan utilizou uma abordagem narrativa ao perguntar primeiro sobre sua "história-problema" – as coisas que o colocavam em apuros. Eles então deram um nome à sua história problemática: "Sr. Problema". Além de reunir os detalhes desagradáveis de seu mau comportamento, o conselheiro também perguntou sobre as ocasiões em que um "Ryan diferente", um "Ryan mais gentil", aparecia. A pergunta pareceu chocar o menino de dez anos. No entanto, após uma reflexão, ele confessou que às vezes havia demonstrado cuidado com seu irmão mais novo quando ele estava doente ou sozinho e precisava de alguém para brincar. O conselheiro então fez algumas perguntas de *follow-up* para explorar a maneira como o "Ryan gentil" se sentiu após demonstrar cuidado com seu irmão.
>
> "O que você achou de si mesmo ao ser útil para o seu irmão?"
>
> "Como seu irmão reagiu à sua ajuda?"
>
> "O que seus pais pensaram de você?"
>
> "O que isso diz sobre você ao mostrar cuidado com seu irmão?"

---

8 Nota Técnica: Nos Estados Unidos da América e na Europa, o conselheiro (*counselor*, em inglês) é um profissional altamente qualificado que auxilia os indivíduos em diferentes âmbitos da vida (emocional, educacional, familiar, profissional etc.).

O próximo passo na Terapia Narrativa é auxiliar o cliente a fortalecer a "história alternativa". No caso de Ryan, isso significava ajudá-lo a encontrar maneiras de demonstrar bondade com mais frequência, tanto em casa quanto na escola, e encontrar comportamentos alternativos para sua história problemática. O "Ryan gentil" nunca substituiu totalmente o "Sr. Problema", mas a "história alternativa" tornou-se o tema mais predominante na vida de Ryan.

A preocupação em focar nos pontos fortes dos clientes, e não nos seus déficits, pode parecer confuso no início. Afinal de contas, os clientes não vêm à terapia querendo focar no que eles estão fazendo de errado e não no que estão fazendo certo? Talvez, mas eles também querem se sentir hábeis e confiantes em sua capacidade de mudar. A pesquisa de Albert Bandura sobre a autoeficácia mostrou claramente que os pacientes que acreditam em seus recursos internos são muito mais propensos a demonstrar resultados positivos na terapia. Assim, um grande dilema terapêutico é criado: como a terapia pode ser focada em objetivos, centrada no problema, orientada para o déficit de habilidades e corrigir distorções cognitivas enquanto, ao mesmo tempo, constrói o senso de autoeficácia do paciente?

Para evitar o erro muito comum de focar exclusivamente nas áreas problemáticas e nos pontos fracos, é fundamental que sejamos tão metódicos na busca dos pontos fortes dos nossos clientes como na busca do diagnóstico clínico correto.

Como evitar o erro

1. No início da terapia, identifique os momentos específicos em que o cliente foi bem-sucedido ao realizar tarefas semelhantes às metas abordadas na terapia. Por

exemplo: se parar de consumir álcool é o objetivo, os clientes não devem registrar apenas com que frequência bebem, mas com que frequência o impulso de beber não os levou ao consumo (Horvath, 2003). Em outro caso, uma cliente que reclamou que, por mais que tentasse, nunca dominava tarefas difíceis, foi lembrada de seu sucesso no treinamento de autodefesa, que ela inicialmente considerava "muito desafiador".

2. Reconheça e comemore, na sessão de terapia, quaisquer conquistas rumo ao objetivo terapêutico. Por exemplo: muitos clientes que não dão continuidade às tarefas de casa, completam alguma parte dela ou talvez façam alterações de uma forma que permita sua conclusão.

> Alice, que havia se comprometido a deixar um longo relacionamento abusivo, não conseguiu pesquisar abrigos disponíveis em sua região. Ela estava preparada para a decepção de seu terapeuta quando declarou: "esta semana, eu não fiz nada daquilo que conversamos." Em vez de refletir sobre o fracasso, a discussão revelou que ela havia conversado com o pai pela primeira vez sobre a situação. Enfrentar a desaprovação de seu pai foi, na verdade, um sucesso muito maior que a tarefa original, e esse "sucesso" tornou-se então seu ponto de referência para reconhecer sua capacidade de lidar com novos desafios.

ERRO Nº 3
Não abordar as expectativas do cliente quanto à terapia

> Perguntaram a uma cliente que sofria de ataques de pânico quanto tempo ela acreditava que demoraria

para solucionar o problema, e ela respondeu com um longo suspiro: "Espero que não demore muitos anos". Quando o terapeuta respondeu que tais problemas costumam ser solucionados em alguns meses, ela ficou muito impressionada.

Praticamente todos os terapeutas fornecem um conjunto de informações que explica questões como responsabilidades financeiras, políticas de cancelamento de sessões, limites de confidencialidade e procedimentos emergenciais. Porém, também é importante abordar as ideias preconcebidas dos clientes sobre o funcionamento da terapia a fim de esclarecer quaisquer erros de interpretação. Um exemplo de contrato impresso e detalhado de práticas e procedimentos para informar os clientes pode ser encontrado em <www.horizonscounseling.com/forms>.

O problema é que embora as questões organizacionais, legais e financeiras sejam as mesmas para todos os clientes e, portanto, fáceis de abordar, eles costumam ter expectativas variadas sobre o processo terapêutico propriamente dito que precisam ser abordadas de forma individual. Um erro comum de interpretação é sobre o tempo que será necessário para que os clientes resolvam seus problemas. Como mostra o caso anterior, alguns clientes acreditam que seus problemas podem levar mais tempo do que o normal para serem solucionados. Por outro lado, existem os muito otimistas (de certa forma, iludidos), com problemas sérios e complexos que esperam uma "cura rápida". Este era o caso de um alcoolista crônico, cujo trabalho, casamento e saúde estavam em risco, mas que acreditava que "duas sessões" seriam suficientes. Na verdade, foram necessárias quase duas sessões apenas para priorizar suas metas e fornecer informações sobre a natureza e o ritmo das mudanças pessoais.

Os clientes também podem ter ideias distorcidas do processo terapêutico. Por isso, é aconselhável perguntar, ao fim da primeira sessão, se o trabalho correspondeu às expectativas.

> Jason, 45 anos, sofria de graves reações de estresse a uma série de eventos públicos, tais como jantares comemorativos e reuniões de negócios. Ele estava preocupado principalmente com a transpiração e vermelhidão excessivas que ocorriam naquelas ocasiões. Ao final da primeira sessão, questionado se suas expectativas sobre a terapia foram atingidas, ele perguntou por que o terapeuta não deu mais atenção à sua família de origem, onde "o problema começou". Como consequência desse diálogo, foi esclarecida a diferença entre "abordagens com base nas soluções" e as que se propõem a resolver questões do passado.

Nesse caso específico, Jason ficou aliviado ao saber que seus problemas poderiam ser resolvidos de forma relativamente rápida. Entretanto, alguns clientes podem preferir uma opção diferente de tratamento. Nessas ocasiões, pode-se sugerir a indicação de outro terapeuta com maiores possibilidades de identificação.

Como evitar o erro

1. Inclua o tópico "expectativas" na folha *Informações do Novo Cliente* fornecida na primeira sessão. A discussão sobre as expectativas é crucial e tão importante quanto fornecer aos clientes informações escritas sobre o processo de terapia.

   Nosso formulário de admissão termina com as seguintes declarações:

O Que Esperar

A Primeira Sessão: sua primeira visita nos ajudará a ter uma visão geral de sua situação para determinar como podemos melhor ajudá-lo.

Fazer Perguntas: nós encorajamos você a fazer perguntas, a qualquer momento, sobre o seu tratamento e progresso.

Participação ativa: a terapia apresenta melhores resultados quando os clientes dedicam algum tempo entre as sessões para trabalhar e refletir sobre o que foi discutido em sessão.

Progresso na Terapia: às vezes, os clientes sentem que estão melhorando e, em outras, que o progresso parece estar estagnado. Às vezes, você pode sair das sessões sentindo-se melhor e, em outras, você pode ter sentimentos desagradáveis. Esta é uma característica inerente da resolução de problemas pessoais.

2. Reserve tempo suficiente no fim da primeira sessão para avaliar se as expectativas do cliente foram alcançadas. Nesse momento, podem ser abordadas as seguintes questões: a importância da colaboração terapeuta-cliente; a abordagem geral do terapeuta para lidar com o tipo de problema apresentado pelo cliente; um cronograma geral da duração do tratamento; e o conceito de que o fim da terapia deve ser uma decisão mútua.
3. Se os clientes não tiverem passado pela experiência de fazer terapia, pergunte se os relatos das sessões de seus amigos ou se os meios de comunicação influenciaram suas expectativas sobre ela. Esclareça quaisquer expectativas imprecisas que tenham criado.

> Um desses casos envolvia um cliente cuja filha adulta alegava "ter recuperado as lembranças" de abuso

por parte dele quando ela era criança. Durante uma longa análise de todas as informações históricas relevantes, ele interrompeu o terapeuta e perguntou: "Quando você irá fazer a hipnose para descobrir se as alegações da minha filha são verdadeiras?". Ele claramente tinha expectativas originárias dos meios de comunicação e de seus conhecidos, e elas precisavam ser abordadas no início da sessão a fim de que o cliente e o terapeuta pudessem trabalhar bem em conjunto e ter os mesmos objetivos. Ao longo do processo, o terapeuta explicou que a hipnose não era necessariamente confiável para coletar informações do passado. No entanto, em virtude das expectativas do cliente em relação ao procedimento terapêutico, ele cancelou sua consulta seguinte e disse que procuraria alguém com experiência em hipnose.

4. Aborde as expectativas do cliente com regularidade para avaliar se houve mudanças ou se surgiram outras que não haviam sido identificadas anteriormente.

ERRO N° 4
Ignorar o "estágio de mudança" ou o grau de comprometimento do cliente

As pesquisas apontam as variáveis relacionadas ao estágio de mudança como as melhoras preditoras de abandono em um número crescente de problemas, tais como dependência de heroína, abuso de cocaína, alcoolismo, violência doméstica, obesidade, doença mental crônica e diagnósticos de saúde mental.

N. Prochaska (2001)

Como já mencionamos, existe uma proporção elevada de abandono dos processos terapêuticos por parte dos pacientes, e isso ocorre com frequência no início do tratamento. Alguns estudos encontraram índices que chegam a 50% na terceira consulta. Entretanto, nem todos os abandonos são semelhantes. Uma das variáveis mais importantes que indica os índices de abandono é o "estágio de mudança" do paciente. Prochaska, já citado, descreve seis estágios diferentes de mudança, começando pelos clientes que não acreditam ter muitos motivos para mudar (estágio de pré-contemplação), até os que estão caminhando de forma ativa para mudar seus padrões comportamentais (estágio da ação). A diferença nos índices de abandono entre os grupos é grande, sendo que a maioria que abandona o processo terapêutico pertence às duas classificações inferiores: pré-contemplação e contemplação. Portanto, é essencial que os terapeutas saibam com o que estão lidando antes de começarem a formular planos "genéricos" de tratamento.

O próximo passo, após analisar o estágio de mudança do cliente, é desenvolver um plano de tratamento adequado a esse estágio. Os terapeutas muitas vezes precipitam-se ao seguir com tratamentos que são mais adequados para clientes com altos níveis de comprometimento em relação à mudança de comportamento. Por exemplo, ao tratar o abuso de substâncias, sabe-se que os programas de reforço, controle de estímulos e contracondicionamento são eficazes no caso de clientes no estágio da ação, mas é provável que eles não sejam eficazes para 80% dos clientes que não alcançaram esse estágio. Porém, há bons motivos para otimismo. Como sugere Prochaska, a probabilidade de um resultado positivo aumenta muito nos casos em que os clientes podem progredir apenas um estágio em direção a um comprometimento maior com a mudança.

Portanto, o objetivo dos terapeutas nem sempre é a mudança imediata de comportamento, como tendem a enfatizar as terapias "voltadas para a ação". O tratamento indicado para os "pré-contemplativos" deve utilizar preferencialmente formas de aumento da consciência e autorreavaliação. Aprendemos que com clientes "de risco", como grávidas, fumantes ou usuários constantes de drogas, "quanto mais, melhor", ou seja, devemos aplicar um protocolo de tratamento mais intenso. Nada poderia estar mais fora de adequação no caso dos pré-contemplativos. Na verdade, o tratamento mais intenso é frequentemente associado a resultados mais insatisfatórios (Heather, Rollnock, Bell e Richmond, 1993). Não podemos mudar os pré-contemplativos, mas podemos fazer com que se movam para o estágio da contemplação.

> Um cliente veio fazer terapia após ter-se separado da esposa por motivos aparentemente lógicos – alcoolismo e infidelidade. Quase imediatamente, o terapeuta iniciou um "protocolo pós-separação", enfatizando o mínimo contato entre seu cliente e a esposa, além de ações voltadas a transformar seu novo lar em um ambiente confortável e aconchegante para a visita dos filhos. No início, o cliente parecia satisfeito com a abordagem, porém, cada vez mais, começou a questionar se o casamento não valeria "mais uma chance". Em virtude da magnitude e do histórico de conflitos conjugais, o terapeuta não apoiou o objetivo do cliente e retomou repetidas vezes as tentativas de fazê-lo "seguir em frente". O terapeuta captou a mensagem de que seu planejamento de ações foi programado de forma prematura somente quando o cliente contou que havia saído de casa às escondidas uma noite para reatar com a esposa. Então, terapeuta e cliente estabeleceram

> objetivos mais adequados relacionados à análise da viabilidade do casamento. Passaram-se mais seis meses antes que o cliente se convencesse de que realmente precisava seguir adiante com sua vida.

Assim como os terapeutas podem programar muito cedo as ações, também podem estar descompassados em relação aos clientes que já estão prontos, dispostos e aptos a mudar, mas só precisam de orientação, reafirmação e "assistência especializada" para agir. Passar muito tempo no desenvolvimento histórico do problema pode frustrar aqueles que já alcançaram o estágio do comprometimento. Da mesma forma, os terapeutas não diretivos podem descobrir que seus clientes abandonam as sessões e buscam ajuda de terapeutas mais voltados para a ação.

> Uma estudante que já frequentara sessões de terapia em um centro de aconselhamento universitário reclamou que todos os seus terapeutas anteriores pareciam apenas reestruturar suas frases e perguntar se estava certo, quando o que ela realmente queria e pedia era algum tipo de direcionamento para lidar com suas companheiras de quarto, desrespeitosas e bagunceiras.

Como evitar o erro

O "estágio de mudança" pode ser avaliado de maneira informal ao longo das consultas iniciais por meio das seguintes perguntas:

1. *Quem na sua vida está mais preocupado com o problema?* Se o cliente for a pessoa mais preocupada com a dificuldade, isso pode indicar alto nível de comprometimento com a mudança. Porém, como costuma ocorrer

com frequência, os clientes podem estar na terapia encorajados por outra pessoa: chefe, pai/mãe ou marido/esposa. Nesse caso, o nível de comprometimento é baixo e indica que o trabalho terapêutico inicial precisa objetivar a melhora do comprometimento com a mudança.

> Mark, um executivo publicitário de 39 anos, fumava maconha diariamente havia quatro anos. Quando questionado sobre quem mais se importava com o problema na sua vida, ele disse: "Minha namorada, que realmente odeia isso e já avisou que vai me deixar se eu não parar de fumar". Por um lado, a pressão exercida por sua namorada certamente funcionou para fazer com que Mark procurasse a terapia. Por outro lado, outros possíveis benefícios do fim do consumo da maconha também precisam ser discutidos para aumentar o comprometimento de Mark com a mudança.

2. *O que você fez (ou pensou em fazer) a respeito do problema?*

   É mais provável que os clientes que já decidiram agir anteriormente tenham alcançado o estágio no qual percebem que a mudança só é possível por meio da ação. Aqueles que nunca apresentaram um comportamento voltado para a mudança ainda estão em um nível muito baixo da escala de comprometimento.

3. *Há quanto tempo este problema é uma preocupação?*

   Se um cliente vem passado por um problema por um período consideravelmente longo e, finalmente, procurou a terapia, pode ser uma indicação de que está pronto para agir. Por outro lado, também pode ser uma indicação de que se desenvolveu determinado nível de conforto em relação ao problema. Isso deve ser avaliado com clareza, perguntando-se ao cliente quais seriam os prós e contras de mudar o comportamento em relação ao problema.

a. Conscientize-se de que não existem dois clientes iguais em termos de disposição para mudar, ou da velocidade com a qual podem prosseguir confortavelmente. Você não pode apressar o paciente resistente, nem deter aquele já em estágio de ação sem prejudicar o relacionamento terapêutico.
b. Utilize um instrumento informal de avaliação de disposição, como a "régua de disponibilidade". Essa abordagem simples, porém, informativa envolve incialmente a definição de um comportamento operante que o cliente esteja interessado em mudar. Depois, a terapeuta segura uma régua e pergunta qual ponto da régua representa a disponibilidade do cliente para mudar o comportamento-problema.
c. Os terapeutas também podem empregar um instrumento formal de avaliação de "estágio de mudança", tal como o desenvolvido por McConnaughy et al. (1983), que está no Apêndice B.

ERRO N° 5
Não avaliar as experiências anteriores do cliente com a Psicoterapia

Scott procurou ajuda terapêutica com uma aparente fobia de voar. Entretanto, uma avaliação de sua experiência anterior com a terapia revelou que ele já havia recebido tratamento para o problema seguindo um protocolo de dessensibilização total, com o qual não obteve sucesso. Também havia recebido tratamento para o transtorno de estresse pós-traumático relacionado à morte de seu filho por *overdose* de

> drogas. Esta informação, cujo relato foi muito doloroso, teve grande importância no desenvolvimento de um plano adequado de tratamento.

Sem uma verificação meticulosa do tratamento anterior, a terapia poderia ter sido improdutiva na melhor das hipóteses e, na pior, prejudicial. Também é importante descobrir se o cliente achou que o terapeuta anterior cometeu algum erro ao longo do processo terapêutico. As perguntas "O que ajudou mais?" e "O que ajudou menos ou foi mais enfadonho?" podem auxiliá-lo a não repetir os mesmos erros do terapeuta anterior. Por exemplo: um cliente reclamou que o terapeuta fazia muitas anotações durante a sessão. Curiosamente, outros clientes reclamaram dos terapeutas que quase nunca faziam anotações e pareciam não se recordar de eventos específicos abordados em sessões anteriores. "Gosto não se discute" – na vida e na terapia.

Como evitar o erro

1. Examine as experiências terapêuticas anteriores do cliente com várias questões, tais como:
   a. Quanto tempo você fez terapia?
   b. Como terminou?
   c. Como era seu relacionamento com o terapeuta?
   d. Qual a melhor parte da experiência? E a pior?
   e. O que você gostaria de ter feito de forma diferente nas sessões?
   f. Quão diferente você está agora em relação ao tratamento atual em comparação ao anterior?
2. Considere como as respostas dos clientes podem afetar seus pontos de vista e expectativas sobre a terapia.

a. Tenha uma ideia se o cliente achou o ritmo da terapia anterior confortável ou apressado, ou ainda, sem dinamismo. Essa informação pode ajudar a elaborar um plano de tratamento num ritmo mais adequado.
b. Verifique como terminou a terapia anterior. Por exemplo: um cliente que interrompeu o tratamento simplesmente por telefone, cancelando as sessões, poderá fazer o mesmo novamente. Para evitar que isso aconteça, avise aos clientes que o fim da terapia pode ser tão importante quanto o começo, e peça que eles participem de uma sessão "de encerramento", se possível, antes de interromper as sessões.
c. Avalie a qualidade do relacionamento com o terapeuta anterior. Tais informações podem ajudá-lo como um "sinal de alerta" do que pode ser problemático ao estabelecer a aliança terapêutica. Por exemplo: um cliente pode relatar ter sentido raiva do terapeuta anterior com frequência. Se você souber disso com antecedência, poderá preparar-se para a recorrência de emoções similares.

ERRO N° 6
Não explicar as expectativas do terapeuta com relação ao processo terapêutico

Após ter passado a sessão inteira planejando, discutindo e estabelecendo a estratégia de como melhorar o casamento de um cliente, este se levanta e avisa que a esposa saiu da casa e está dando andamento aos papéis do divórcio.

A sessão termina e o cliente menciona que foi detido por dirigir alcoolizado e não poderá comparecer à sessão seguinte.

As "revelações repentinas no final do atendimento", como as descritas acima, e outros impedimentos ao uso efetivo das sessões de terapia podem ser evitados se os terapeutas descreverem com clareza suas expectativas nos estágios iniciais da terapia (ou a qualquer momento, quando o curso da terapia mudar). É lógico que essas expectativas podem divergir, dependendo da orientação do terapeuta, e envolvem uma ampla variedade de atitudes e comportamentos, os quais podem incluir:

a. Expectativas em relação ao papel das tarefas "fora dos horários da sessão".
b. Estabelecimento dos limites adequados entre o terapeuta e o cliente.
c. Necessidade da participação ativa do cliente na definição dos tópicos a serem trabalhados na sessão e o direcionamento do tratamento.
d. Necessidade de que a terapia seja interativa e que nenhuma das partes fique presa a monólogos.
e. Intervenções terapêuticas específicas, tais como interpretação de sonhos ou hipnose, utilizadas pelo terapeuta.

Como evitar o erro

1. Informe aos seus clientes que a constante contribuição deles é essencial e que devem ser assertivos ao comunicar ao terapeuta quando sentirem que ele está "fora dos trilhos" no foco em questão ou em relação às recomendações do tratamento. Por exemplo: em um dos casos, um terapeuta estava tão concentrado em dar continuidade aos materiais da sessão anterior que não verificou se ocorreram novas questões desde o último atendimento. Seu cliente, que já havia

sido "empoderado" pelo terapeuta, conseguiu dizer: "Doutor, o que o senhor está abordando é importante, mas agora é muito mais importante falarmos sobre a discussão que tive com o meu chefe e que provocou a minha suspensão."

2. Quando uma "revelação repentina no final do atendimento" é feita, assegure ao cliente que o assunto será certamente abordado na próxima sessão e diga, também, que é importante trazer questões cruciais o mais cedo possível para as sessões de maneira que se dê tempo suficiente a elas. De fato, é bom incluir isso na sua orientação aos clientes.
3. Avise ao cliente que a terapia funciona melhor se, após abordar todas as questões mais problemáticas, o cliente for assistido na priorização, para que no máximo duas ou três questões sejam tratadas ao mesmo tempo. É claro que questões críticas devem ser tratadas na medida em que surgirem.

ERRO Nº 7
Não preparar o cliente para a multiplicidade de emoções que a terapia pode despertar

Um cliente de aproximadamente 30 anos ocupou a primeira sessão fazendo seu estagiário conhecê-lo melhor, falando sobre detalhes de sua vida de forma desordenada, sobre sua educação e suas muitas viagens. Na segunda sessão, continuou com seus relatos autobiográficos, mas ficou cada vez mais agitado na medida em que descrevia um acontecimento no qual ele fora violentado sexualmente. Nesse momento, ficou inconsolável, expressou muita raiva e vergonha e alegou que aquela experiência arruinara sua capacidade de envolvimento em relacionamentos íntimos. Apesar de se esforçar ao máximo, a terapeuta teve grandes dificuldades para administrar o descontrole emocional; e embora no dia seguinte estivesse marcada uma nova sessão, o cliente jamais voltou, nem respondeu aos telefonemas da terapeuta.

Muitos clientes esperam que a terapia elicie fortes emoções e não se preocupam com isso. Esses clientes do "tipo reveladores" têm vasta experiência em dividir suas emoções e sentem-se razoavelmente confortáveis com os sentimentos negativos. Por outro lado, como ilustrado pelo caso descrito acima, alguns clientes podem ficar muito alterados pela intensidade de suas reações emocionais ao revelar questões pessoais e recordações negativas. Em geral, esses clientes classificam-se em três categorias:

1. Indivíduos altamente controlados que se "desligaram" – ou não estão conscientes – de seus sentimentos.
2. Indivíduos que aprenderam a desviar a atenção de fortes emoções.
3. Clientes reservados na expressão das suas emoções e geralmente tímidos. Este é o grupo de clientes que precisa de muita preparação para explorar sentimentos negativos fortes.

Como evitar o erro

Avalie cuidadosamente seus clientes para determinar sua posição no espectro, de revelador a não revelador. No caso acima, o cliente foi muito prolixo, mas tendia a não se abrir sobre os problemas emocionais que carregava. Durante a segunda sessão, começou a progredir em direção à revelação e a terapeuta deveria ter sido mais proativa ao notar o aumento na agitação durante o desenrolar da história, pedindo que o cliente se acalmasse, talvez fazendo um intervalo e, depois, avaliando com cuidado se estava pronto para lidar com questões tão delicadas.

1. Esteja atento aos sinais indicativos de que o cliente está altamente vulnerável a revelações emocionais fortes:
   a. Afirmações como "nunca contei isso a ninguém antes".
   b. Discurso fluente ao falar sobre questões impessoais e interrupções ou fluxo verbal bloqueado quando o assunto se torna mais pessoal.
   c. Tendência à digressão ao falar de questões pessoais.
   d. Autobiografia gradativa, que "precisa" ser narrada de forma lógica ou cronológica.
   e. Sinais não verbais, como o lacrimejar dos olhos, gestos faciais ou manuais nervosos e inquietude.
2. Prepare todos os clientes para o fato de que muitas emoções desconfortáveis precisam ser sentidas mais de uma vez para serem solucionadas. Alguns clientes têm uma postura que compara a terapia à atividade física, ou seja, "se não houver sofrimento, não haverá ganho". Tais clientes precisam ser "acalmados", lembrando-os de que a cura leva tempo e que a terapia não é um esporte competitivo.

ERRO N° 8
Não elevar as expectativas de sucesso do cliente

Na psicoterapia interpessoal para depressão (IPT), os pacientes são informados no início do tratamento que "acreditar na sua recuperação é excelente e que estarão envolvidos de maneira ativa na terapia."

G. Klerman (1984)

Outro fator "de cura" que tem sido muito pesquisado é o efeito das expectativas positivas do paciente sobre os resultados da terapia. Quando os clientes têm essa crença no estágio inicial da terapia, é provável que seu "comprometimento ativo" no processo terapêutico seja maior, o que, por sua vez, resulta numa melhora significativa (MEYER *et al.*, 2002). É claro que as expectativas de melhora precisam ser razoáveis em relação à extensão dos problemas dos clientes e à quantidade de tratamento pelo qual já passaram. Alimentar falsas esperanças pode ser tão prejudicial para o processo terapêutico quanto não alimentar esperança suficiente.

Na verdade, as expectativas positivas acentuam a eficácia "real" das intervenções, diminuindo a depressão, as sensações de desamparo, a falta de esperança e a baixa energia. Elas ajudam a criar o próprio sucesso. Além disso, o misterioso efeito placebo é fortalecido pelas expectativas positivas. É lógico que o terapeuta não deve prometer ou garantir ao cliente a solução do problema. Embora saibamos quais abordagens ajudam em questões específicas, "probabilidade" não significa "certeza".

Como evitar o erro

1. Avalie o nível de expectativas positivas do cliente, perguntando o que ele espera com o resultado do tratamento. Se forem baixas, o terapeuta deverá mostrar que outros clientes com problemas similares progrediram significativamente e melhoram a qualidade de suas vidas graças ao que aprenderam na terapia.
2. Aplique a regra dos "passos do bebê" ao tentar modificar as expectativas do cliente. Em outras palavras, a atitude nova, mais adaptativa, deve ser apenas um pouco diferente da que o cliente adota no momento.

Por exemplo: seria contraproducente sugerir a pessoas altamente reservadas e ansiosas que a terapia iria transformá-las. Entretanto, seria razoável sugerir que a maior parte dos clientes que procuram ajuda por serem ansiosos "passam a sentir-se mais à vontade no âmbito geral" e lidam com situações difíceis de forma mais confiante.

II. Como fazer avaliações incompletas

ERRO Nº 9
Não avaliar a reatância psicológica

Reatância Psicológica é a tendência a relutar em abrir mão do controle em situações interpessoais e, geralmente, manifesta-se na Psicoterapia por meio de comportamentos indicativos de resistência à mudança pelo paciente.
J. Brehm e S. Brehm (1981)

Como já vimos, os clientes diferem totalmente quanto ao grau de comprometimento com a mudança. Alguns estão prontos para lidar com o desafio de adotar novas maneiras de agir e pensar, e outros foram praticamente arrastados pelos cabelos para sua primeira sessão.

Da mesma forma, muitos clientes estão dispostos a ver o terapeuta como um "especialista", um profissional no qual podem confiar para fornecer orientações necessárias e importantes. Outros acreditam que a terapia seja uma guerra de inteligência, uma competição na qual o paciente arma-se contra a força, o conhecimento e as tentativas do terapeuta de interpretação ou de mudança cognitiva e comportamental.

A receptividade ou resistência do paciente ao trabalho do terapeuta é conhecida como *reatância psicológica*. Este fator deve ser levado em conta na determinação de quão diretivo o terapeuta deve ser ao implementar um plano de tratamento. Por exemplo: em um grupo de clientes inscritos em um programa de abuso de substâncias, Karno, Beutler e Harwood (2002) avaliaram os níveis de diretividade dos terapeutas que trabalhavam no tratamento de alcoolismo com abordagens cognitivo-comportamental ou sistêmica. Os resultados mostraram que, independentemente do tipo de tratamento, entre os clientes com alto índice de reatância, a maior diretividade estava associada ao aumento do consumo de álcool após o tratamento. Em outras palavras, no caso de clientes resistentes, o problema, na verdade, piorou com a maior diretividade do terapeuta.

Por outro lado, os clientes com baixa reatância psicológica obtiveram um resultado melhor no trabalho de combate ao alcoolismo, seguindo intervenções mais diretivas. Similarmente, entre os clientes que sofriam de depressão, Beutler e Clarkin (1990) observaram que uma modalidade de tratamento que oferecia maior apoio e autodirecionamento era melhor para os pacientes com alta reatância psicológica comparada às terapias cognitivas comportamentais ou focadas na expressão. Entretanto, para os pacientes deprimidos com baixa reatância psicológica, o tratamento de apoio e autodirecionamento foi o menos eficaz.

Portanto, os terapeutas devem ajustar seus níveis de "diretividade" de acordo com o nível de resistência do cliente. Uma abordagem igual para todos no planejamento do tratamento pode ser, na melhor hipótese, ineficaz e, na pior (como no caso dos dependentes químicos), pode contribuir para agravar o problema.

> Em um caso de conflito no casamento, um cliente "pareceu" pedir uma orientação clara do terapeuta. Porém, enquanto o profissional fazia um

aconselhamento aparentemente útil, o cliente interrompeu-o para dizer que ele estava interpretando de maneira errada o problema e que, portanto, a intervenção não funcionaria. Na sessão seguinte, o cliente relatou que sua esposa deixara um bilhete desagradável. Assumindo uma abordagem menos diretiva (tomando como base o resultado da primeira semana), o terapeuta perguntou o que o cliente acreditava que deveria fazer. Ele respondeu que estava ali para receber ajuda. O terapeuta conteve o impulso, dizendo ao cliente que ele estava ali para discutir. Disse, então, que falar sobre os assuntos em conjunto resultaria numa solução melhor, e que os clientes sabem melhor sobre suas questões. Além disso, enfatizou que apesar de o terapeuta ter experiência para lidar com problemas similares e poder ajudar a criar possíveis alternativas, a escolha final e a verdadeira concretização são funções do cliente.

Como evitar o erro

1. Esteja alerta aos sinais de reatância psicológica dos seus clientes, tais como interrupções, discussões, comentários fora do assunto e respostas negativas. Muitos desses comportamentos aparecem na primeira ou segunda sessão.
2. Se o cliente estiver com um nível elevado de reatância psicológica, desenvolva planos de tratamento menos diretivos e mais colaborativos (as abordagens mais colaborativas estão detalhadas mais adiante). Se o paciente parecer mais colaborativo e comprometido com a mudança, podem ser adotadas abordagens mais diretivas.

3. Utilize um instrumento de avaliação formal. A Escala de Reatância Psicológica de Hong[9] (Hong e Page, 1989), encontrada no Apêndice B, é um instrumento de autorrelato de quatorze itens que avalia até que ponto os pacientes relutam em abrir mão do controle em situações interpessoais. Exemplos de itens incluem "Considero conselhos uma intrusão" e "Resisto às tentativas de outras pessoas de me influenciar".

ERRO Nº 10
Subutilizar os instrumentos de avaliação clínica

Os instrumentos de avaliação que são utilizados no início e, às vezes, ao longo da terapia para mensurar o tipo e a intensidade do problema inicial podem contribuir para a eficácia do tratamento, a melhora da confiança do cliente e a diminuição do abandono do tratamento que ocorre com clientes resistentes.

C. D. Booraem; J. V. Flowers;
B. Schwartz (1993)

Apesar da existência de pesquisas como a citada acima, os terapeutas, em geral, não acreditam na importância do uso dos instrumentos de avaliação. Por exemplo: um terapeuta supervisor descreveu um caso em que uma residente de pós-doutorado não estava utilizando um instrumento

[9] N.T.: A Escala de Reatância Psicológica de Hong (*The Hong Scale of Psychological Reactance*) não é validada no Brasil pelo Sistema de Avaliação de Testes Psicológicos (SATEPSI) do Conselho Federal de Psicologia (CFP).

de avaliação conhecido e comprovadamente eficaz, que era parte de um protocolo de admissão na clínica. A residente dizia não "acreditar" no instrumento por não ser útil e por demandar muito tempo para tabular a pontuação, embora a validade e utilidade daquele instrumento já tivesse sido comprovada em vários estudos.

São inúmeros os motivos que contribuem para a eficácia da utilização dos instrumentos de avaliação:

1. O terapeuta obtém informações de uma fonte que permite comparações com outros clientes quanto à gravidade do problema.
2. Repetir o teste periodicamente pode ajudar a comprovar se o tratamento está funcionando.
3. Se os resultados indicarem melhora, as expectativas positivas serão reforçadas. Se não houver progresso, o cliente e o terapeuta poderão ajustar a abordagem do tratamento de forma adequada.
4. Os clientes tendem a interpretar a utilização dos instrumentos de avaliação como uma atitude de preocupação e cuidado e isto, por sua vez, faz com que o cliente perceba ainda mais a competência do clínico.

Embora existam inúmeros instrumentos de avaliação rápidos e simples, vários fatores contribuem para a sua subutilização pelos terapeutas:

1. Muitos terapeutas não estão familiarizados com o crescente número de instrumentos à disposição.
2. Fazer o teste pode exceder o horário do atendimento, e os clientes podem achar que estão sendo enganados.
3. É preciso dedicar bastante tempo e esforço à tabulação da pontuação e à interpretação do teste.

4. Alguns terapeutas, como o caso mencionado, podem não acreditar na importância de tais instrumentos (mesmo que haja muitas pesquisas indicando o contrário).
5. Tal procedimento, o de aplicação de testes, simplesmente não faz parte da rotina dos terapeutas.

Como evitar o erro

1. Familiarize-se com os inúmeros instrumentos de avaliação disponíveis para o terapeuta. Muitos deles são de domínio público e, portanto, não implicam em despesas financeiras[10]. O Apêndice C, ao final deste livro, lista alguns dos instrumentos mais úteis por categoria clínica.
2. Reconheça que muitos desses testes requerem pouquíssimo tempo de aplicação e tabulação.
3. Explique ao cliente as inúmeras vantagens potenciais da utilização de instrumentos de avaliação. Não espere que eles compreendam automaticamente por que tais instrumentos podem ajudar no tratamento.
4. Acompanhe as avaliações de perto, fornecendo *feedback* para o cliente. Muitas pesquisas mostram que uma conversa franca sobre os resultados da testagem psicológica pode gerar efeitos positivos no desfecho terapêutico (Finn e Tonsager, 1992).

---

[10] Nota Técnica: No contexto Brasileiro, recomenda-se a leitura detalhada do Posfácio deste livro e posterior consulta ao SATEPSI: Sistema de Avaliação de Testes Psicológicos.

ERRO Nº 11
Não contestar os "autodiagnósticos incorretos" do cliente

Como nós, terapeutas, devemos começar a avaliar a avaliação que nossos clientes fazem dos próprios problemas? Da mesma forma que os porcos-espinhos fazem amor: com muito cuidado e uma generosa dose de ceticismo. De vez em quando, os clientes têm uma noção clara da natureza de seus problemas: "Tenho pavor de falar em público", "Preciso ser mais assertiva com meu namorado" ou "Sou viciado em maconha". No entanto, também é muito comum ver clientes cujo autodiagnóstico está extremamente incorreto. Tais "falsos diagnósticos", sem avaliação profissional, podem resultar em tratamentos clínicos errados.

> Alex, aos 17 anos, teve um longo histórico de acessos de raiva em casa e na escola. Seu conselheiro escolar suspeitou que sofresse de transtorno bipolar e convenceram-lhe que ele sofria da pior forma do distúrbio. Consultaram um psiquiatra que confirmou o diagnóstico de transtorno bipolar do tipo II. Receitaram lítio, mas, surpreendentemente, os acessos de raiva contra as figuras de autoridade tornaram-se mais frequentes. Após mais de um ano nesse processo, finalmente, os pais desistiram da Psicoterapia e dos remédios e mandaram Alex viver com sua tia, em Montana, uma região rural. Sua tia, "sem estudos", colocou Alex nos trilhos, e ele admitiu que consumia um pouco de cocaína em casa. Depois, um psicólogo da região diagnosticou acertadamente o problema de Alex como transtorno de conduta e, por meio de um suporte e de um tratamento contra o uso de drogas, ele começou a melhorar muito.

As coisas se complicam ainda mais quando os clientes são diagnosticados por seus parceiros, pais ou por outros "terapeutas de araque".

> Brett foi encaminhado ao atendimento psicológico de sua escola porque seus pais acreditavam que ele sofria de TDAH (Transtorno do Déficit de Atenção com Hiperatividade). Quando perguntado por que acreditavam nisso, Brett disse que frequentemente os interrompia quando estavam conversando e que, às vezes, tinha a tendência de dar passos para trás e para frente quando estava estressado. Brett lutou durante toda a sua vida para superar um problema de gagueira e a autoconsciência que o acompanhava. Ficou muito aborrecido com os pais quando o classificaram dessa forma, e muito aliviado ao saber que não apresentava nenhuma das características de um diagnóstico de TDAH. As interrupções que fazia quando seus pais estavam conversando relacionavam-se à sua prática repetitiva para falar em público, e não a um indicador de impulsividade.

Às vezes, um terapeuta perspicaz pode abrir os olhos dos clientes sobre os diagnósticos incorretos.

> Mandy, uma mulher de 36 anos com conflitos no casamento, definiu seu problema de maneira bastante segura como uma "codependência". Dizia que seu marido não viria às sessões de terapia por não acreditar em sua eficácia, o que era compreensível, pois a codependência dela era a fonte das discussões no casamento. Uma avaliação inicial indicou que seu marido não era dependente químico. Então, o terapeuta pediu que ela descrevesse o que queria dizer com ser "codependente". Ela contou que nunca enfrentara o marido, saindo cabisbaixa quando

discutiam, pois ele era mais firme, racional e sagaz do que ela. O terapeuta pediu que ela escrevesse um diário sobre tais discussões e, ao fazê-lo, as anotações revelaram que o casamento era realmente pacífico, desde que ela concordasse com o marido em tudo. Após o processo de revisão do diário, Mandy percebeu que os problemas no casamento talvez não fossem de sua única e exclusiva responsabilidade.

Como evitar o erro

1. Seja cauteloso com os clientes que se autodiagnosticarem como portadores da "síndrome da moda", ou seja, os distúrbios que mais estiverem em alta na mídia. Exemplos recentes: TDAH em adultos, transtorno bipolar e "lembranças reprimidas" de abusos.
2. Esteja atento à tendência que alguns pacientes têm de usar rótulos diagnósticos para isentar-se da responsabilidade por seu comportamento. Por exemplo: uma universitária foi fazer terapia após ter desenvolvido repentinamente uma "fobia social", quando soube que teria que fazer um discurso na formatura da universidade.

ERRO Nº 12
Não avaliar a possibilidade de doenças orgânicas ou físicas

Érica, 54 anos, em sua primeira consulta, disse estar prestes a desistir da terapia e da vida em geral. Fora diagnosticada com a síndrome da fadiga crônica (SFC), mas o tratamento e as medicações anteriores não surtiram efeito. O terapeuta pesquisou a SFC

> e descobriu que até 60% de tais casos envolviam sérios problemas de sono. Após ter conversado sobre o assunto com Érica, ela concordou em fazer uma consulta com um especialista em sono, que, por sua vez, identificou e tratou seu problema, solucionando a questão.

Embora quase todos os psicoterapeutas[11] sejam treinados para atentar à existência de doenças físicas que poderiam mascarar ou contribuir para os problemas psicológicos dos pacientes, o diagnóstico incorreto de tais problemas é muito comum. Em seu livro *Finding Care for Depression* (2001), Robert Sealy entrevistou aproximadamente 150 ex-pacientes depressivos e descobriu que seus psiquiatras sequer consideravam a possibilidade de tais problemas serem resultantes de doenças físicas. Considerando que os psiquiatras são médicos, podemos imaginar a pouca frequência com que os profissionais não médicos encaminham os clientes para avaliações clínicas.

A literatura científica identificou vários distúrbios nos quais os pacientes foram erroneamente diagnosticados como portadores de um problema mental, quando, na verdade, a causa era um distúrbio orgânico (um distúrbio orgânico mental ou uma doença física). De 100 pacientes depressivos, por exemplo, uma pesquisa concluiu que 18% eram diagnosticados como bipolares ao longo de dois anos a contar do diagnóstico inicial (Insel e Charney, 2003).

Alguns desses distúrbios estão relacionados a seguir, juntamente com o problema físico ou orgânico possível.

---

[11] N.T.: Realidade norte-americana.

Transtorno do Déficit de Atenção com Hiperatividade	Outros perfis de neurodesenvolvimento
Transtorno de Conduta	Transtorno Bipolar do tipo 2
Transtorno do Estresse Pós-Traumático	Trauma Cerebral
Síndrome do Pânico	Distúrbio da Tireoide; Acatisias psicofarmacologicamente induzidas por setralina ou outras drogas (inquietação interna e, em geral, motora)
Depressão	Síndrome da Fadiga Crônica; Vírus Epstein-Barr; Intoxicação medicamentosa (p. ex. digitalis); Doença de Gaucher (um distúrbio genético metabólico no qual quantidades prejudiciais de gordura acumulam-se nos órgãos)
Esquizofrenia	Narcolepsia
Demência	Surdez
Anorexia nervosa	Acalasia (aumento do esôfago dificultando a deglutição)

Como evitar o erro

1. Siga todos os procedimentos-padrão de avaliação e obtenha, inclusive, o histórico médico e mental dos clientes e seus familiares.
2. Pergunte, durante a entrevista inicial, se o cliente passou por um exame médico recente. Se ele responder que sim, há mais de um ano, recomende que faça outro.
3. Inclua, em sua biblioteca profissional, livros sobre este tópico, tais como *Preventing Misdiagnosis of Women* (1997) de Elizabeth Klonoff.

ERRO Nº 13
Não compreender como nossas hipóteses afetam as práticas terapêuticas

Nossas suposições tácitas sobre a natureza humana influenciam inquestionavelmente a forma como vemos e servimos aos indivíduos que buscam serviços psicológicos.

M. J. Mahoney (1991)

Um novo paciente está prestes a entrar no seu consultório. Você não sabe nada sobre a pessoa; portanto, quando você a vir pela primeira vez, não tenha ideias preconcebidas – ela é uma folha em branco esperando pelas suas impressões. Verdade? De fato, nada poderia estar mais distante da verdade. Desde a infância, desenvolvemos muitas suposições veladas sobre a natureza humana das quais não estamos conscientes, mas que podem afetar a forma como vemos e lidamos com as pessoas que amamos, nossos amigos, colegas e clientes.

Wrightsman (1992) identificou várias suposições que podem afetar a prática clínica. Examinar cada uma das categorias pode iluminar suas próprias suposições sobre a natureza humana.

1. Confiável *versus* não confiável – As pessoas são, em sua essência, confiáveis? Aqueles dentre nós que acreditam que os adultos e até as crianças sejam essencialmente dignos de confiança abordarão a terapia de forma bastante diferente do que os que acreditam no oposto. Por exemplo: como terapeutas, devemos recomendar mais monitoramento e supervisão do

que o habitual se acreditarmos que as pessoas não são dignas de confiança.

2. Força da determinação pessoal *versus* controle externo – As pessoas são responsáveis pelos seus problemas, ou os fatores externos podem contribuir significativamente para as dificuldades que enfrentamos ao longo da vida? Se acreditarmos que as pessoas criam completamente seus destinos, teremos a tendência a exagerar nas patologias dos nossos clientes e a não ter empatia suficiente com os rumos inesperados das experiências humanas.

3. Altruísmo *versus* egoísmo – As pessoas estão, em sua essência, preocupadas com elas mesmas ou costumam demonstrar profunda preocupação com o bem-estar dos outros? Os terapeutas que veem as pessoas como essencialmente autocentradas verão o comportamento do cliente de forma diferente daqueles que entendem as ações de um cliente como motivadas pela preocupação com os outros. A suposição de que as pessoas estão preocupadas com elas mesmas afetaria a forma e o ponto em que um terapeuta encorajaria um cliente a buscar apoio social. Por exemplo: uma paciente que experimentara pouco contato social além da família mudou-se para uma nova cidade em virtude da transferência do marido. Apesar do comportamento social adequado, ela não fez novas amizades, principalmente porque era excessivamente cautelosa para não revelar coisas importantes sobre si própria. Num primeiro momento, o terapeuta tratou da questão da autorrevelação como se ela precisasse desenvolver habilidades para inserir-se naquela área. Porém, o verdadeiro problema era sua quase total falta de confiança nas pessoas, a qual baseava-se nas más experiências por que ela havia passado na pequena cidade de onde veio.

4. Complexidade *versus* simplicidade – os seres humanos são fáceis de entender, ou somos complicados e difíceis de definir com categorias diagnósticas e rótulos? Pode ocorrer uma tendência a utilizar abordagens "padronizadas" paras todos os problemas que se apresentem, sem permitir diferenças individuais.

Uma das questões mais pujantes para os terapeutas sobre a natureza humana é se acreditamos que os seres humanos podem mudar significativamente. Aqueles que acreditam que podemos esperar somente pequenas mudanças, especialmente em alguns tipos de clientes, podem descobrir uma profecia autorrealizável que se cumpre, na qual nossas baixas expectativas são refletidas nos tipos de protocolos de tratamentos que empreendemos. Na prática, comprovou-se que o pessimismo em relação aos clientes, tais como ofensores sexuais, dependentes químicos que persistem em seu vício e outros que vêm para a terapia não por vontade própria, afeta significativamente o resultado terapêutico (GARB, 1996).

Reconhecer a força das nossas suposições pessoais é o primeiro passo. Posteriormente, precisamos avaliá-las cuidadosamente, a fim de desvendar as generalizações excessivas e os estereótipos inválidos.

Como evitar o erro

1. Após revisar as suposições sobre a natureza humana discutidas anteriormente, analise se existe uma tendência de sua parte em vê-la como essencialmente egoísta, indigna de confiança, simplista ou difícil de mudar. Se a resposta for positiva, reflita sobre as pessoas com as quais você se relacionou e que apresentaram tendências comportamentais diferentes.

2. Examine suas reações emocionais a quem lhe parece estranho. Esta técnica parece particularmente útil para discernir as suposições veladas que uma pessoa pode ter a respeito de alguns grupos, tais como pessoas de sexo, raça ou idade diferentes.
3. Aprenda com seus casos difíceis. Por exemplo: um terapeuta que trabalhou com clientes com distúrbios de personalidade percebeu-se supondo que aqueles clientes estivessem satisfeitos com seus estilos de vida e que optassem por manter seus comportamentos. Entretanto, após refletir, ele desenvolveu uma suposição mais terapêutica, a de que os clientes com distúrbios de personalidade estão sofrendo, mesmo que o "sofrimento seja oculto" (Demmitt e Rueth, 2002).
4. Explore suas suposições pessoais por meio de um instrumento de avaliação como a Escala de Filosofia da Natureza Humana[12] (*Philosophy of Human Nature Scale*) de Wrightsman (1992), encontrada no Apêndice B.

[12] N.T.: Esta escala não é validada no Brasil pelo Sistema de Avaliação de Testes Psicológicos (SATEPSI) do Conselho Federal de Psicologia (CFP).

III. Como destruir o relacionamento terapeuta-cliente

É imprescindível que os terapeutas se lembrem de que décadas de pesquisa evidenciam de maneira consistente que os fatores de relacionamento estão significantemente mais correlacionados aos resultados do cliente do que as técnicas especializadas de tratamento.
L. Castenguay; M. Goldfried; S. Wiser; P. Raue; A. Hayes (1996)

Em muitas pesquisas, comprovou-se que o que os terapeutas dizem e fazem durante a sessão, promovendo uma boa aliança terapêutica, é a contribuição mais importante para a mudança e os resultados positivos do tratamento.
E. Teyber e F. McClure (2000)

Parafraseando Vince Lombardi, famoso técnico de futebol americano, "a aliança terapêutica não é tudo na Psicoterapia: é a única coisa". Em outras palavras, nenhum outro fator afeta mais os resultados da terapia do que a qualidade do relacionamento terapeuta-cliente. Embora seja difícil afirmar as porcentagens exatas do efeito terapêutico, um estudo realmente tentou fazer isso. Após revisarem mais de 100 pesquisas de resultados[13], Lambert e Barley (2001)

---

13 N.T.: A pesquisa de resultados ou a pesquisa de desfechos (*outcome research*) investiga os resultados/desfechos da assistência em saúde a partir da perspectiva dos pacientes e da sociedade.

chegaram a uma estimativa da contribuição relativa dos inúmeros fatores estudados nessas pesquisas.

Surpreendentemente, as técnicas específicas utilizadas pelos terapeutas (cognitiva, psicodinâmica etc.) foram responsáveis somente por 30% dos resultados terapêuticos. Entretanto, a qualidade do relacionamento terapeuta-cliente gerou resultados em 40% dos casos. Entre os fatores que influenciam o relacionamento aparecem credibilidade, confiança e competência do terapeuta. É claro que o relacionamento terapêutico em si não deve ser considerado uma "intervenção". Como disse Edward Bordin, pioneiro no desenvolvimento da aliança terapêutica, o vínculo terapeuta-cliente "[...] é um veículo que possibilita e facilita as técnicas específicas de aconselhamento [...]" utilizadas pelo terapeuta (1980).

ERRO N° 14
Enfatizar a técnica em detrimento à construção de um relacionamento

Às vezes, não sou suficientemente cuidadoso para construir um relacionamento com o cliente antes de dizer que ele pode ter feito algumas escolhas ruins.

W. Glasser (2003)

Uma estagiária contou ao seu supervisor, sempre resignado, que aprendera sobre a utilização da "intenção paradoxal" em sua aula avançada de aconselhamento. Ela queria experimentar esta técnica nova e intensa com um de seus pacientes e o fez com um deles em sua primeira sessão. A paciente retornara aos estudos após um divórcio recente e

> queixou-se de estar totalmente esgotada. Ela não conseguia fazer nenhuma tarefa doméstica e já não era mais o exemplo de organização que costumava ser, falhando até nas tarefas mais simples, como lavar a roupa ou a louça. A intervenção que a estagiária experimentou foi "unificar o sintoma", passando a tarefa de "não fazer absolutamente nada ao longo de toda a semana" e de relatar sua condição na sessão seguinte. Infelizmente, não houve próxima sessão – a cliente solicitou outro profissional ao diretor da clínica.

A lição aqui é uma que costuma ser muito negligenciada: o relacionamento terapêutico supera a técnica. É muito bom dispor de grande variedade de técnicas, intervenções e instrumentos terapêuticos, mas as entrevistas com os clientes mostram repetidamente que sem o embasamento em uma aliança terapêutica sólida, as chances de que até a mais brilhante intervenção seja implementada com sucesso são mínimas. Este fato se comprova, particularmente na utilização de técnicas de "alto risco", como as baseadas na "intenção paradoxal", que requerem um alto nível de confiança por parte do cliente.

Neste caso, a avaliação do problema da cliente foi precisa e se a intervenção fosse feita mais tarde, provavelmente teria sido bem-sucedida, desde que a cliente tivesse mantido as sessões para comprovar. A tendência a recorrer ao *kit* de ferramentas do terapeuta de maneira afobada e a solucionar o problema rapidamente é, com certeza, exacerbada pela ênfase atual na terapia rápida ou com tempo estabelecido de duração. Basta dizer que a "orientação que visa ao lucro" ("tempo é dinheiro") nem sempre favorece os interesses do cliente.

Em todas as esferas do encontro humano, a qualidade do relacionamento pessoa a pessoa exerce um efeito poderoso. No campo da Medicina, foi demonstrado que o quão bem os medicamentos atendem ao propósito pretendido está relacionado à relação entre o doador e o receptor do medicamento (Kanfer, 1992). Após a cirurgia, quanto mais confortáveis os pacientes se sentiram com seus anestesistas, menos dor eles sentiram. Foi demonstrado também que a aprendizagem na escola depende em parte da relação professor-aluno. A maioria de nós pode se lembrar de um professor que realmente nos inspirou a trabalhar duro, bem como de um professor que nos inspirou a matar aula e pegar emprestado as anotações de um colega. Mesmo a relação pesquisador-sujeito pode influenciar facilmente o comportamento do sujeito no laboratório experimental. Se médicos, professores e pesquisadores podem influenciar fortemente as emoções e o comportamento dos seres humanos, quanto mais os terapeutas podem influenciá-los?

Como evitar o erro

Nas sessões iniciais, valorize a construção do relacionamento, focando os seguintes fatores associados à eficácia terapêutica:

1. Aumente sua credibilidade descrevendo sua experiência com outros casos similares ao do cliente, nos quais o resultado tenha sido positivo.
2. Enfatize a naturalidade, não se comportando de maneira exageradamente formal. Uma cliente descreveu sentir-se à vontade com seu terapeuta, por ter gostado do fato de ele ser natural. Lembre-se de que um terapeuta pode ser um "especialista" sem perder seu lado humano.
3. Mostre um olhar positivo exteriorizando seu interesse em trabalhar em conjunto com o cliente para resolver os problemas atuais.

4. Antes de iniciar qualquer intervenção, principalmente aquelas de natureza complexa ou incomum, reflita sobre o seguinte:

   - Tenho um conhecimento detalhado sobre a história e a natureza do problema?
   - Conheço o cliente suficientemente para determinar a adequação da intervenção?
   - O cliente me conhece e confia suficientemente em mim para acreditar nas minhas habilidades terapêuticas?

Embora você tenha todas as suas licenças, credenciais e diplomas pendurados de forma visível e elegante na parede do seu consultório, ganhar a confiança da maioria dos clientes é uma tarefa que demanda tempo e exige que se construa um relacionamento com eles.

ERRO Nº 15
Não se comunicar com empatia suficiente e outras demonstrações de apoio

Os pacientes que acreditavam no sucesso de sua terapia descreveram seus terapeutas como "calorosos, atenciosos, interessados, compreensivos e respeitosos.

H. Strupp; R. Fox; K, Lessler (1969)

Qual formando não decorou e treinou repetidas vezes os três imperativos de Carl Rogers: aceitação positiva incondicional, congruência e compreensão empática? Mesmo assim, muitos clientes interrompem a terapia porque sentem que seus terapeutas não têm uma ou mais dessas qualidades.

Na verdade, em uma pesquisa com terapeutas que buscavam a própria terapia pessoal, cerca de 30% relataram sentir que seus terapeutas não se preocupavam com eles e não tinham empatia (Curtis; Field; Knaan-Kostman; Mannia, 2004).

Da tríade terapêutica de Roger, a empatia tem sido a mais pesquisada. Vários estudos identificaram os muitos benefícios resultantes da empatia do terapeuta. Entre eles, o aumento da satisfação dos clientes, dos sentimentos de segurança e da retenção do que é experienciado na terapia. E este é só o começo. Descobriu-se que a empatia ajuda os clientes a pensar de forma mais produtiva (Sachse, 1990); facilita o reprocessamento emocional (Greenberg e Paivio, 1997) e, por fim, ajuda os terapeutas na opção por intervenções compatíveis com os referenciais do cliente. A empatia tem sido enfatizada pelos terapeutas como um componente vital da terapia de várias orientações terapêuticas, dentre elas, a adleriana, a comportamental, a cognitiva e a emotiva-racional. Mesmo assim, essa qualidade fundamental costuma faltar mesmo no terapeuta mais experiente.

> Uma paciente queixou-se ao seu renomado terapeuta de sentir-se ofendida pela atitude formal e distante, quando ela falou de sua dificuldade de lidar com a doença terminal do marido. Sendo uma mulher objetiva, disse que ele parecia insensível e que "não estava realmente presente" nas sessões. O terapeuta refletiu sobre a questão e concluiu que ela estava certa. Então, admitiu sua falha na sessão seguinte e pediu sua colaboração futura, avisando-o se ele cometesse o mesmo erro novamente. Esta confissão ajudou a reparar o relacionamento deteriorado e a terapia eficaz pôde acontecer. (Yalom, 1997).

Claramente, a maioria dos terapeutas se sente entusiasmada em relação à maioria dos seus clientes. No entanto, não é com a maioria que temos que nos preocupar; é com essa minoria significativa que abandona a terapia – os que se sentem menos queridos e menos compreendidos. Mas como assim eles não se sentem amados? Embora os terapeutas saibam que a empatia é a base de um relacionamento de cura, há vários obstáculos que podem os impedir de expressá-la. Para Yalom, pode ser uma simples questão de fadiga da compaixão – é não ter mais energia depois de um longo dia ouvindo inúmeras preocupações, medos e decepções dos clientes. Imagine os efeitos cumulativos de tratar clientes não apenas por um longo dia, mas por alguns anos ou décadas.

Inevitavelmente, os terapeutas tendem a se tornar um pouco insensíveis, um pouco autoprotetores, quando se trata de "tocar a dor" dos outros. De que outra forma podemos sobreviver? Esse fenômeno foi investigado recentemente em um grupo de médicos a quem foi mostrado um vídeo de pacientes submetidos a um procedimento médico doloroso. Quando comparados aos indivíduos leigos, os médicos apresentaram uma resposta neurológica mínima à expressão de desconforto desses pacientes. Eles aprenderam a desligar ou modular seu sistema de resposta emocional para evitar o *burnout*. Da mesma forma, nós, terapeutas, podemos nos distanciar do desconforto de nossos clientes, permitindo-nos permanecer emocionalmente centrados, mas talvez fazendo com que eles nos vejam como indiferentes.

Se muita experiência pode desafiar nosso quociente de empatia, pouca experiência também pode diminuir nossa capacidade de tocar a dor de nossos clientes. Vários estudos mostraram que os terapeutas que têm pouca ou nenhuma experiência com os tipos de angústia relatados pelos seus clientes são muito menos propensos a expressar níveis adequados de empatia. Por exemplo: um terapeuta relatou, em um grupo de supervisão de pares, que sua cliente saíra apressada de uma sessão na qual expressava sua tristeza pela morte de seu amado cachorro. Como o terapeuta nunca teve um animal de estimação, ele simplesmente não foi capaz de responder à altura ao luto da cliente. Da mesma forma, parece que os terapeutas que se submeteram a algum aconselhamento são mais capazes de sentir empatia nos atendimentos aos clientes. Assim, embora não possamos experimentar todas as dificuldades possíveis e imagináveis que nossos clientes apresentam, devemos tentar ver suas preocupações através de seus olhos – e não dos nossos.

Como evitar o erro

1. Comece todas as sessões fazendo contato visual ao cumprimentar o paciente. Isso é particularmente necessário no fim do dia, quando você costuma estar cansado. Um aperto de mãos e uma saudação calorosa podem transmitir muito mais ao cliente do que o típico "Como foi sua semana?". Não se esqueça dos pequenos gestos de cuidado. Por exemplo: um estudo recente com pacientes em uma clínica médica revelou que o que eles mais valorizavam em sua visita ao consultório era um simples aperto de mão.
2. Desde o início da terapia, trate os clientes como iguais e respeite-os, mostrando que você se importa em compreendê-los. Como disse um terapeuta experiente: "Ouvi muitos clientes dizerem que ficavam magoados ou sentiam-se desrespeitados se as pessoas fossem muito rudes com eles, como se não estivessem interessadas. Então, desde o início, sempre pergunto se eles se sentem compreendidos e respeitados." (Jennings; Sovereign; Bottorff, 2005).

3. Preste atenção aos seus sentimentos em relação ao cliente. Pergunte-se: "Sinto empatia por este cliente e pelos seus problemas?" Não comece perguntando: "Estou transmitindo empatia?" Pergunte a si mesmo se você sente empatia. Se a resposta for "Não sinto empatia suficiente", uma das seguintes análises costuma ser útil:
   a. Preciso ouvir mais o que o cliente sente a este respeito para conectar-me a ele?
   b. Preciso imaginar como eu me sentiria nesta situação para sentir-me conectado?

ERRO Nº 16
Acreditar que empatia e aceitação positiva incondicional significam gostar do seu cliente

> Em um seminário de educação continuada recente, cujo tópico era violência doméstica, o palestrante perguntou aos cerca de 30 participantes se eles prefeririam trabalhar com os agressores ou com as vítimas. A grande maioria optou pelas vítimas como clientes. O apresentador foi um dos poucos que acreditou no trabalho com os agressores como algo desafiador e profissionalmente satisfatório. Os outros acreditavam que seria praticamente impossível ter uma aceitação positiva incondicional de pessoas tão desagradáveis. Afinal, são pessoas potencialmente perigosas que abusam do seu poder nos relacionamentos para controlar, humilhar e machucar aqueles de quem elas deveriam cuidar.

O erro conceitual, nesse caso, é que, para ter aceitação positiva incondicional, é preciso gostar da pessoa. Esperar que sintamos algo caloroso por aqueles cujas ações os tornam extremamente desagradáveis, como aqueles que cometem violência doméstica, seria pedir o impossível. Porém, como afirmou Carl Rogers, "a aceitação positiva incondicional envolve a aceitação em relação à expressão do cliente de sentimentos negativos, "ruins", dolorosos, temerosos, defensivos, anormais, da mesma forma que envolve a aceitação da expressão de seus sentimentos "bons", positivos, maduros, confiantes, sociais" (1955).

Portanto, o objetivo não é gostar das pessoas que se comportam de forma deplorável, mas sim aceitar as pessoas como elas são no momento, e acreditar que podem ser ajudadas. E, de fato, muitas podem sê-lo. Por exemplo: no caso dos agressores, as estatísticas recentes mostram que aqueles que completam um programa psicoeducacional de dez semanas são muito menos propensos a repetir a violência (Palmer *et al.*, 1992).

O necessário em relação aos terapeutas que trabalham em tais casos é explorar as circunstâncias e as experiências pessoais, ou seja, o *background* do paciente, de maneira que o comportamento seja visualizado em seu contexto geral, não para que ele seja justificado, mas como um meio de reconhecer a origem e o poder de suas atitudes e impulsividade.

O terapeuta Mark Freeman relata um caso dramático que exemplifica a necessidade de enxergar além das ações terríveis que uma pessoa possa cometer. O caso envolvia um pai que planejava matar a esposa e o filho e, depois, suicidar-se. Os planos foram descobertos e ele foi imediatamente preso, esperando pela hospitalização de longo prazo. Durante semanas, as enfermeiras e os terapeutas mantiveram distância, em virtude de uma mistura de medo e repulsa que sentiam pelo homem.

Isso continuou até saberem que ele fora diagnosticado com câncer de cólon e não teria mais de seis meses de vida. Quando seu terapeuta, antes distante, soube do problema, aproximou-se mais do cliente e, depois, soube ainda que ele sempre fora um marido e um pai amoroso e presente. Entretanto, além do câncer, ele também tinha problemas financeiros. Seus negócios estavam afundando e ele só conseguia prever um futuro de grande sofrimento para sua família. Eles teriam que lidar com sua morte, e suas vidas seriam de privações.

Seu raciocínio complexo fez com que ele acreditasse que a morte seria melhor para todos. Com essa revelação, o terapeuta mudou o conceito sobre seu cliente, possibilitando-lhe trabalhar produtivamente para reunir a família e planejar-se para os desafios futuros (Freeman e Hayes, 2002).

Como evitar o erro

1. "Tente conectar-se com a pessoa que existe por trás da atitude ou do comportamento repulsivo ou repugnante" (Wilkins, 2000). Conectar-se com tais indivíduos significa, em primeiro lugar, reconhecer que seus atos não são a totalidade de quem eles são; significa buscar informações sobre as forças, os sucessos e os objetivos da pessoa.
2. Reconheça que a mudança surgirá das forças do cliente, e não das suas fraquezas. Se os agressores perceberem que você gosta de algo neles, mas não do que eles fizeram; que você acredita que eles possam mudar e gostará ainda mais deles, quando eles o fizerem, a probabilidade de uma forte aliança terapêutica aumentará muito.
3. Separe a emoção que levou seus clientes aos atos terríveis dos atos propriamente ditos por eles cometidos, e que eliciam suas emoções negativas. Imagine a emoção

levando a uma ação diferente, a um objeto diferente ou a um lugar diferente. Em outras palavras, determine o que você quer que eles façam em relação ao sentimento e imagine, realmente, visualizando em sua mente, o cliente tomando a atitude desejada. Por exemplo: imagine um cliente que tenha se envolvido em atos de violência doméstica solucionando o problema com um trabalho comunitário quando estivesse com raiva.

4. Conscientize-se de que se você ajudar a modificar o comportamento de um agressor, estará evitando os males para muitas vítimas potenciais.
5. Cuidado para não se contagiar também. Assim como o terapeuta deve resistir ao contágio emocional do cliente que naturalmente provoca empatia, o profissional de saúde mental também precisa resistir ao contágio reativo provocado quando o cliente causa, naturalmente, medo, raiva, ou pior ainda, repulsa.

ERRO Nº 17
Não obter um *feedback* do cliente sobre a aliança terapêutica

Nos estudos de follow-up sobre "encerramento unilateral", a maior parte dos terapeutas só soube da insatisfação de seus clientes após a interrupção do tratamento. Na verdade, em uma pesquisa posterior, só 17% a 30% dos terapeutas (dependendo do grau de experiência) eram capazes de identificar as áreas específicas de insatisfação que aqueles clientes relatavam.

B. Reis e L. Brown (1999)

Infelizmente, a maioria dos clientes não comunicam de forma objetiva os sentimentos negativos que podem ter em relação aos seus terapeutas ou ao processo terapêutico. Muitos clientes são passivos e querem agradar, e podem considerar o falar das suas insatisfações com o terapeuta um confronto. Portanto, os terapeutas devem mostrar aos seus clientes que esperam um *feedback*. Este incentivo começa na primeira sessão, e o *feedback* do cliente deve ser um componente regular entre os tópicos discutidos na terapia. Embora o incentivo ao *feedback* seja útil, os terapeutas podem ser muito resistentes à ideia, talvez temendo respostas que não gostariam de ouvir.

> Um estagiário do segundo ano reclamou na aula de supervisão em grupo que seu progresso fora mínimo em um caso difícil. Quando um dos integrantes do grupo pediu que ele descrevesse a qualidade da relação terapêutica, o estagiário afirmou avaliar com regularidade o *rapport* terapeuta-cliente e disse que este parecia bastante positivo. O grupo decidiu então que seria útil assistir a um vídeo de uma sessão com esse cliente. Enquanto assistiam ao vídeo, notaram que o cliente parecia bastante distante, que suas respostas eram curtas, e o silêncio era tão constante que verificaram o áudio do equipamento para ver se estava ligado. Em nenhum momento, o terapeuta perguntou sobre a aparente relutância do cliente em falar ou se ele tinha algum problema em relação à terapia ou ao terapeuta. Quando esse ponto foi abordado com o estagiário, ele foi categórico ao dizer que, de fato, perguntara sobre a relação. O vídeo foi novamente assistido e pediram ao estagiário que o pausasse após uma pergunta relacionada à "aliança terapêutica". Ele então o fez após sua primeira pergunta, "como foi sua semana?".

Desnecessário dizer que “Como foi sua semana?” é uma frase adequada para começar uma sessão. Entretanto, ela não conduz com facilidade a uma exploração da relação terapeuta-cliente.

Como evitar o erro

1. Faça perguntas diretas aos clientes, por exemplo, se algo na sessão do dia foi útil ou inútil. Tais perguntas deixam muito claro que a terapia é um trabalho constante em conjunto. Essa pergunta envia a mensagem de que o terapeuta não sabe tudo, e que as perguntas, o *feedback* e os *insights* do cliente são bem-vindos e apreciados.
2. No início das sessões, pergunte aos clientes se eles pensaram algo a mais sobre a última sessão. Se a resposta for positiva (e será cada vez mais positiva se você perguntar sempre), prossiga explorando o que foi mais útil e se os clientes sentem que algo ficou por terminar.
3. Utilize um instrumento formal de avaliação da aliança terapêutica. Muitos desses instrumentos foram desenvolvidos para dar aos terapeutas uma ideia da perspectiva do cliente sobre a qualidade da aliança terapêutica. Os três instrumentos[14] a seguir estão disponíveis e são de fácil correção.

---

[14] N.T.: Esses instrumentos não estão validados no Brasil pelo Sistema de Avaliação de Testes Psicológicos (SATEPSI) do Conselho Federal de Psicologia (CFP).

Questionário de Satisfação do Conselheiro[15]
Versão Abreviada

A maioria dos clientes que abandona a terapia o faz na quarta sessão. Portanto, é necessário que os terapeutas recebam um *feedback* preciso de seus clientes o mais cedo possível. O Questionário de Satisfação do Conselheiro (Stokes e Lauterschlager, 1978) fornece esse *feedback* de forma rápida e prática. Esse instrumento consiste em quatro questões, transcritas a seguir, que são classificadas usando uma escala de quatro pontos do tipo Likert (as questões podem ser adaptadas a contextos clínicos específicos).

1. Em geral, quão satisfeito você ficou com sua primeira sessão?
2. Até que ponto a entrevista abordou suas preocupações atuais?
3. Se você fosse procurar ajuda novamente, você retornaria à terapia?
4. Essas primeiras sessões estão indo ao encontro do que você deseja?

Formulário de Avaliação do Conselheiro[16]
Versão Abreviada

O Formulário de Avaliação do Conselheiro (Corrigan e Schmidt, 1983) permite que os terapeutas recebam um *feedback* sobre seus pontos fortes e fracos. Esse instrumento consiste em uma lista de 36 afirmações que descrevem uma variedade de comportamentos do terapeuta. Os itens são agrupados em três subescalas que medem três áreas de habilidade: competência do terapeuta, confiabilidade e carisma. Cada uma dessas áreas mostrou prever a intensidade do vínculo terapeuta-cliente que, por sua vez, prevê o resultado terapêutico.

[15] N.T.: The *Counselor Satisfaction Questionnaire ou CSQ-S – Short Form.*

[16] N.T.: The *Counselor Rating Form ou CRF-S – Short Form.*

Inventário de Aliança Terapêutica[17]

O Inventário de Aliança Terapêutica, desenvolvido em 1989 por Adam Horvath e Leslie Greenberg, baseou-se nas três dimensões da eficácia da terapia de Bordin: tarefas, objetivos e vínculos. As perguntas voltadas para as "tarefas" investigam a essência do processo terapêutico. Por exemplo: "Acho confuso o que estou fazendo na terapia". A dimensão "objetivos" do inventário diz respeito aos resultados da terapia. Por exemplo: "Eu sei o que esperar como resultado da minha terapia". A dimensão "vínculos" refere-se à conexão emocional entre terapeuta e cliente. Por exemplo: "Acredito que meu terapeuta está genuinamente preocupado com meu bem-estar." A versão completa desse instrumento está no Apêndice B.

ERRO Nº 18
Ignorar o *feedback* verbal e não verbal do cliente

Os terapeutas precisam estar abertos ao risco de suas próprias avaliações sobre o status da relação – particularmente nas fases iniciais do trabalho terapêutico – serem diferentes das do cliente.
A. O. Horvath e B. D. Symonds (1991)

Mesmo encorajados, muitos clientes podem sentir-se desconfortáveis ao expressar suas preocupações com o processo e/ou progresso terapêutico. Portanto, os terapeutas podem trilhar seu caminho alegremente, acreditando que tudo está bem entre eles e os clientes, quando, na verdade, não está.

[17] N.T.: The *Working Alliance Inventory ou* WAI.

Um estudo interessante feito por Barrett-Lennard (1981) aborda a questão. Sua pesquisa investigou a seguinte pergunta: "Que níveis de empatia do terapeuta indicaram melhor o resultado da terapia: os do cliente, os de um observador treinado, ou os do terapeuta?" A resposta, surpreendentemente, é que somente a percepção do cliente sobre o nível de empatia do terapeuta era um indicador significativo dos resultados terapêuticos. Em outras palavras, embora o terapeuta possa sentir-se entusiasmado em relação ao seu cliente e até acreditar que está expressando esse entusiasmo, o cliente pode vê-lo como desinteressado, ou mesmo um pouco frio.

Como evitar o erro

Para interpretar com precisão o nível de conforto do cliente com o processo e o progresso da terapia, os terapeutas precisam estar atentos aos sutis indicadores de "aliança", avaliando as seguintes informações:

1. Durante as sessões, o cliente está fazendo menos contato visual do que fazia antes? A diminuição do contato visual indica uma mudança no estado interno do cliente, podendo apontar para uma diminuição da confiança no terapeuta ou uma emoção ou experiência que o cliente não se sente à vontade para compartilhar.
2. O cliente está se abrindo menos sobre assuntos pessoais e, no lugar deles, abordando questões tangenciais ou menos relevantes do ponto de vista terapêutico?
3. As saudações no início das sessões estão menos cordiais do que antes?

ERRO Nº 19
Reagir defensivamente ao *feedback* negativo do cliente

Em uma pesquisa sobre o *feedback* do cliente, Castenguay *et al.* (1996) descobriram que muitos terapeutas ignoravam, desvalorizavam ou reagiam mal quando os clientes expressavam suas preocupações. Por exemplo: muitos terapeutas psicodinâmicos viam à insatisfação de seus clientes como "resistência". Então, passavam a explorar a base da resistência, afastando elegantemente de si toda a responsabilidade. No mesmo estudo, descobriu-se que os terapeutas cognitivos frequentemente costumavam considerar os comentários dos clientes distorções cognitivas relacionadas às expectativas irrealistas da terapia e, por isso, os terapeutas tentavam reestruturar seus pensamentos "irracionais". Quanto aos clientes, muitas vezes, costumavam concordar verbalmente com seus terapeutas que suas críticas não se justificavam. Entretanto, o problema existe: após admitirem sua culpa, muitos clientes não retornaram às sessões. Batalha ganha, guerra perdida.

Estamos dizendo, com isso, que, para alimentar a relação terapêutica e melhorar o progresso do tratamento, é preciso obter qualquer *feedback* negativo que o cliente possa ter. Porém, uma coisa é incentivar o *feedback* e outra bem diferente é responder a ele de forma produtiva, e não defensiva. O cerne da questão é que por mais que os terapeutas tentem ser úteis, compassivos e atenciosos, haverá, inevitavelmente, vezes em que os clientes poderão sentir-se ofendidos, negligenciados, malcompreendidos ou decepcionados no seu progresso terapêutico.

> Uma cliente em tratamento para estresse e outros problemas relacionados à saúde começou a mostrar-se

> menos envolvida no processo terapêutico, atrasando-se para as sessões, aparentando indiferença e não completando as atividades estabelecidas para fora das sessões. O terapeuta trouxe o assunto à tona, dizendo: "Parece que estou cometendo algum erro com você. Estou?" Ressentida, a cliente respondeu: "Você realmente sabe muito sobre estresse e saúde; sinto que tem muita prática no assunto, mas... você não sabe muito sobre mim." O terapeuta ficou surpreso, mas desculpou-se e pediu que ela partilhasse mais as questões sobre ela que seriam importantes para as sessões. Assim, ele descobriu que ela temia que, por mais que se esforçasse, seus problemas de saúde eram graves demais para serem superados. Basicamente, ela resignara-se a morrer.

Esse foi um caso no qual o terapeuta era o especialista de sempre no processo de avaliação e planejamento terapêuticos. Porém, ele não pensou em deixar a cliente contar sua própria história, em seu próprio tempo. A salvação foi quando o profissional quis saber por que a terapia não estava progredindo bem e, depois, avaliou a situação tomando medidas corretivas, entre elas, lidar com a falta de esperança da cliente, uma questão fundamental que precisava ser solucionada antes de avançarem para "intervenções terapêuticas" específicas.

Como evitar o erro

Ao lidar com o *feedback* negativo dos clientes, é importante ter em mente o seguinte:

1. O fato de os clientes sentirem-se suficientemente seguros com você para expressarem suas preocupações indica a confiança existente na relação terapêutica.

2. Os clientes respeitam os terapeutas que são capazes de admitir a própria falibilidade.
3. Você pode usar a possível "ruptura" na relação com o cliente como forma de mostrar que os relacionamentos podem resistir às dificuldades, quando as pessoas são honestas e estão dispostas a resolver os problemas. Um terapeuta descreveu o processo da seguinte forma: "O que eu diria aos clientes é que a relação terapêutica é como todos os outros relacionamentos. Embora, por vezes, não queiramos que seja assim, ela o é, e a forma pela qual consertamos essa ruptura na nossa relação também pode ajudar nas rupturas que ocorrerem nos outros relacionamentos. Esse poderia ser o lugar para que isso aconteça e poderia servir como modelo para tal questão nas outras experiências" (Sulliban; Skovhold; Jennings, 2005).

IV. Como evitar a colaboração com o cliente

A colaboração dá poderes aos clientes na medida em que lhes dá voz em seus próprios processos terapêuticos, além de encorajar a autoeficácia.
C. Feltham e I. Horton (2000)

Ao comprar um imóvel, os especialistas avisam que os valores das casas se baseiam em três princípios: localização, localização e localização. De forma similar, quando a questão é o estabelecimento de objetivos no tratamento e as expectativas em relação à terapia, o segredo é: colaboração, colaboração e colaboração.

A colaboração é um processo no qual terapeuta e paciente trabalham juntos, como parceiros, ao longo do processo terapêutico. Na função colaborativa, o terapeuta pode ser visto como o parceiro sênior, conduzindo a maior parte das questões, ao mesmo tempo em que as traz à tona e responde ao *feedback* do seu "associado".

ERRO Nº 20
Estabelecer objetivos de forma unilateral

June estava num casamento abusivo há mais de 15 anos. Recentemente, as coisas pioraram, já que o alcoolismo de seu marido aumentara. Ele chegava em casa muito tarde nos finais de semana, completamente

> embriagado, e exigia períodos prolongados de atividade sexual. Ele tropeçava pela casa, urinando "como um gato" em vários lugares. A cliente perguntou ao terapeuta se seu marido era alcoolista e quais seriam os tipos de tratamento adequados. Neste caso, o terapeuta respondeu da maneira "tradicional", concentrando-se no "protocolo de tratamento de esposas em situação de violência", ou seja, formulou-se um plano de fuga e foi feito um encaminhamento para um grupo de apoio e de abrigo para mulheres em situação de violência. Apesar de seus melhores esforços, o terapeuta ficou bastante decepcionado ao saber que a cliente não agendou uma próxima sessão.

Neste caso, o terapeuta seguiu o "padrão de atendimento" recomendado; ainda assim, a cliente não seguiu suas recomendações e, o que é pior, encerrou a terapia. O que saiu errado? É mais provável que tenha ocorrido uma falta de colaboração para formular os objetivos do tratamento. O terapeuta decidiu de maneira unilateral quais seriam os tópicos a serem abordados na terapia – e esses tópicos não coincidiram com o que a cliente desejava. Em nenhum momento da sessão, a cliente perguntou ao terapeuta se ela deveria considerar a hipótese de deixar o marido. Na verdade, uma revisão da transcrição revela que a cliente ainda estava convencida de que seu marido poderia "ver a luz", mudar seu comportamento e ser o marido que ela desejava. É claro que o terapeuta e qualquer um que ouvisse o caso veriam claramente que, após 15 anos, a probabilidade de uma mudança expressiva era pequena, mas isso não significava que a cliente pensasse da mesma forma.

Assim, enquanto os terapeutas devem, com certeza, oferecer informações e recursos adequados para as pessoas em situação de violência, também devemos lidar com as preocupações externalizadas pelos nossos clientes. Em uma abordagem colaborativa, terapeuta e cliente estão em sintonia. Para chegar lá, o terapeuta facilita uma discussão sobre os possíveis objetivos de tratamento e, depois, ajuda o cliente a priorizar esses objetivos e a escolher em quais deverá se concentrar inicialmente.

Como evitar o erro

1. Explique para o cliente a diferença entre as abordagens colaborativa e não colaborativa. Enfatize a importância da contribuição, do *feedback* e do consentimento do cliente em relação a todos os aspectos da definição dos objetivos e do tratamento.
2. Preste atenção ao que o cliente está dizendo e, igualmente, ao que ele não está dizendo. Por exemplo, no caso citado, a preocupação externalizada pela cliente era conhecer as opções de tratamento disponíveis para o marido. Algo que ela sequer mencionou foi se deveria abandonar aquele relacionamento. É claro que à medida que a aliança terapêutica avançasse, essa opção certamente poderia ser trazida à tona pelo terapeuta.
3. Faça uso de uma abordagem baseada em perguntas abertas, e não uma abordagem do tipo "aula expositiva" ou didática. Alguns exemplos:

a. **Esclarecer e priorizar os objetivos.**

Que tipo de dificuldades o problema está lhe causando agora?

Que tipo de dificuldades o problema poderá lhe causar no futuro?

Quais objetivos uma pessoa (não necessariamente você) poderia ter numa situação como essa?

Quais objetivos são adequados para você?

Quais objetivos não são adequados para você?

b. **Aumentar a eficácia pessoal.**

Quando você conseguiu "livrar-se" do problema?

Você observou como as outras pessoas lidaram com situações similares e obtiveram sucesso?

Em seus devaneios, como você solucionou o problema de forma bem-sucedida?

c. **Aumentar o comprometimento com a mudança.**

Se você mudar, de que forma sua vida irá melhorar?

De que forma sua vida irá piorar se as coisas não mudarem?

Onde você pode obter apoio nas suas tentativas de mudança?

ERRO Nº 21
Não elaborar objetivos de forma colaborativa nas sessões iniciais

Quando se constrói um objetivo sólido e um consenso sobre o tratamento no início da terapia, a probabilidade de melhores resultados do tratamento medidos meses depois será maior. Esta pesquisa encontrou diminuições dos sintomas depressivos seis meses após o início do tratamento, quando os pacientes experimentaram um consenso de objetivos após a SEGUNDA *sessão.*

J. Dormaar; C. Dijkman;
M. De Vries (1989)

Além de desenvolver um consenso em relação aos objetivos do tratamento, também é importante fazê-lo o quanto antes no processo terapêutico. Os terapeutas costumam, muitas vezes, julgar as sessões iniciais como um período para conhecer o cliente, deixando o verdadeiro trabalho terapêutico para as sessões posteriores e passando a maioria do tempo preenchendo formulários, revisando as políticas de atendimento e coletando um histórico clínico detalhado. Certamente, é preciso prestar atenção a isso, mas a primeira e a segunda sessões também devem preparar o terreno para chegar a um consenso sobre os objetivos. Quando isso acontece, as expectativas de sucesso do cliente são preditoras importantes de resultados positivos.

Imagine que você vá ao médico com vários sintomas e, depois de examiná-lo, ele simplesmente agenda uma consulta de acompanhamento sem fornecer informações sobre qual pode ser o problema e os tratamentos mais indicados. O único objetivo que você tem ao sair do consultório é procurar um encaminhamento para um novo médico de família. A situação é a mesma no caso dos clientes que procuram ajuda para problemas psicológicos.

> Uma cliente relatou que seu terapeuta anterior (ênfase em *anterior*) ainda estava analisando o problema após duas sessões inteiras. Ela estava adiando a elaboração de um trabalho de conclusão de curso com prazo apertadíssimo, perguntando-se como contar aos pais que ela era homossexual, além de estar muito preocupada com as questões de dieta e alimentação.

Aqui, havia muitos objetivos de tratamento a serem escolhidos. Entretanto, o terapeuta anterior parecia sofrer de "paralisia da análise" ou, neste caso, de avaliação.

Como evitar o erro

1. Deixe um tempo reservado no final da primeira sessão para esclarecer as preocupações do cliente e para reformulá-las como possíveis objetivos do tratamento. Por exemplo: no caso da "estudante procrastinadora", o terapeuta poderia dizer: "Parece que existem muitas questões causando sofrimento: o trabalho de conclusão de curso, a dieta, a alimentação e a discussão da orientação sexual com seus pais. Você sabe sobre qual delas seria mais importante nos concentrarmos inicialmente?".
2. Elogie os clientes quando eles apresentarem uma solução. Você pode dizer "Isso é melhor do que pensei!" ou "Ótima contribuição!". Isso ajuda a aumentar o nível de comprometimento.
3. Amplie sua definição sobre o que significa ser um psicoterapeuta, incluindo aspectos de orientação, treinamento e liderança.
4. Reconheça que o estabelecimento de objetivos não se restringe à redução dos problemas, como depressão, ansiedade ou abuso de substâncias, mas que ele pode e deve incluir o foco sobre comportamentos positivos passíveis de serem ampliados. Tais objetivos podem envolver habilidades de enfrentamento, prevenção de recaída e expansão daqueles aspectos da vida do cliente que melhoram a qualidade desta.
5. Não suponha que o aparente "objetivo mais óbvio" seja de fato o que o cliente tem em mente como mais importante.

ERRO Nº 22
Não incluir o cliente na definição dos tópicos a serem trabalhados na sessão

Um relacionamento colaborativo não começa e termina com a determinação dos objetivos e de um plano de ação. Perguntar aos clientes no início de cada sessão o que eles gostariam de focar ou trabalhar é um convite para reengajá-los em uma terapia ativa. Além disso, desta forma, os objetivos do tratamento são continuamente atualizados e modificados à medida que a terapia progride. Descobriu-se que tal atualização aumenta a satisfação do cliente, diminui o sofrimento e aumenta as expectativas de sucesso. Por exemplo: Hoyt, Xanakis e Marmar (1983) perceberam que os clientes estavam mais propensos a classificar as sessões como "boas sessões de terapia" quando os objetivos do tratamento e as abordagens de resolução de problemas eram discutidos.

Como evitar o erro

1. Inicie cada sessão com a definição de um objetivo, evitando assim a tendência a deixar que ele simplesmente "surja" como um acordo tácito, sem palavras. Estabeleça sempre o objetivo por mais óbvio que seja e verifique se houve concordância sobre ele.
2. Antes de perguntar ao cliente sobre um objetivo específico, escreva o que você, como terapeuta, acredita, no momento, que seja ou deva ser tal objetivo.
3. Admita que, para alguns clientes, um dos principais objetivos pode ser a definição de um objetivo. Tais clientes costumam formular objetivos ambíguos, excessivamente complexos, ou mudar seu foco de uma questão para a outra ao longo da sessão. Com esses

clientes, pode-se utilizar um protocolo de *brainstorming*, no qual o terapeuta e o cliente sugerem ideias, criando uma lista que pode, depois, ser priorizada.

V. Como ignorar a ciência

Existe um consenso de que os conselheiros e psicoterapeutas são muito indiferentes ou desconfiados das descobertas feitas por meio de pesquisas.

D. Williams e J. Irving (1999)

A ciência da pesquisa quantitativa é vista como uma antítese aos valores do aconselhamento dinâmico e do centrado na pessoa e, o que é pior, pode até estar cometendo um tipo de violência para com os valores sobre os quais está estruturada a filosofia da terapêutica humanística.

R. House (1997)

Em uma pesquisa recente sobre os terapeutas da saúde mental, a prática de manter-se atualizado com as pesquisas clínicas atuais foi classificada como a menor das prioridades dos profissionais (Watkins e Schneider, 1991). O surpreendente é que este sentimento anticiência e antipesquisa estava presente até nos graduados de áreas, nas quais o foco na pesquisa era um dos principais componentes de seu treinamento.

O resultado dessa indiferença amplamente difundida em relação à pesquisa é que, ano após ano, os terapeutas ocupam-se com tratamentos novos, não testados e cientificamente invalidados para indivíduos e casais. Desde o "renascimento" até a "recuperação das memórias", os que atuam na área da saúde mental parecem tão suscetíveis às últimas tendências e modas terapêuticas quanto o público em geral é vulnerável às novas loucuras das dietas. É possível entender como uma pessoa comum pode ser ludibriada ao tentar perder peso comendo somente toranjas. Entretanto, devemos esperar mais dos terapeutas que são treinados para analisar de forma crítica as afirmações dos que promovem avanços no tratamento dos transtornos mentais. Existem várias razões para essa indiferença à "ciência".

ERRO Nº 23
Desconsiderar os dados científicos

Qual das seguintes condições exige a escolha de tratamentos muito específicos, se os pacientes precisarem de ajuda? Transtorno obsessivo-compulsivo, transtornos alimentares, transtorno do estresse pós-traumático, transtornos sexuais, fobias ou abuso de substâncias?

Pedimos desculpas pela pergunta capciosa. A resposta, claro, é: todas. Lambert (1992) descobriu que quase 85% dos pacientes com distúrbios leves a moderados recuperaram-se relativamente bem com praticamente qualquer abordagem terapêutica confiável. Porém, para muitos problemas, como os mencionados, é preciso utilizar protocolos de tratamento bastante conhecidos e pesquisados, cuja superioridade em relação a outras formas de tratamento tenha sido comprovada. Entretanto, muitos terapeutas simplesmente ignoram os dados e continuam a aplicar metodologias não comprovadas e até refutadas.

> Em um seminário de educação continuada sobre modelos de terapia emergentes, o apresentador estava abordando as várias técnicas utilizadas no tratamento de fobias, como a dessensibilização e o trabalho com imagens. Uma pessoa que assistia à

apresentação enfatizou que faltavam àquelas "abordagens comportamentais" as raízes estruturais do problema, e outros sintomas apareceriam em breve, a não ser que as questões fossem solucionadas antes.

Tais objeções foram levantadas há décadas e comprovou-se que são infundadas. Mesmo assim, elas ainda permanecem nos corações e nas almas de muitos terapeutas. Pelo fato de alguns profissionais desconsiderarem os protocolos de tratamento cientificamente validados, os clientes continuam passando por práticas questionáveis, tais como a análise junguiana dos sonhos para tratar a fobia social, o foco nos "problemas de abandono" para tratar o transtorno do estresse pós-traumático ou o trabalho da "criança interior" para tratar dependentes químicos.

Como evitar o erro

1. Reconheça que a abordagem "K.I.S.S." (*Keep It Simple Stupid*[18]) pode ser aplicada a muitas facetas da vida, incluindo a arte de fazer terapia. Só porque uma técnica terapêutica é complexa, sofisticada e de difícil entendimento não a torna o tratamento de escolha. No arsenal clínico, algumas das intervenções mais bem-sucedidas, como a dessensibilização e o treinamento de assertividade, são relativamente fáceis de entender e implementar.
2. Se você não puder explicar, de forma clara e sucinta, a lógica da intervenção que está utilizando com

[18] Nota Técnica.: Esta expressão aponta para uma abordagem na qual a complexidade deve ser evitada sempre que possível, evitando assim complicações desnecessárias, visto que a simplicidade assegura maiores níveis de aceitação e interação do indivíduo.

um cliente, considere isso um sinal de alerta de que provavelmente há pouca pesquisa para respaldar sua eficácia.

3. Familiarize-se com os protocolos de tratamento específicos para "distúrbios especiais", tais como os listados acima. A abordagem cognitivo-comportamental padrão pode ser muito útil para a depressão, mas pode ser apenas um componente do tratamento adequado para abuso sexual infantil ou transtorno alimentar.

ERRO N° 24
Ater-se ao emissor e não à mensagem

Infelizmente, os terapeutas são todos humanos demais quando influenciados pelo fator "carisma". Sem citar nomes, nossa área produziu muitos "encantadores de serpentes" cujo magnetismo pessoal capacitou-os a seduzir as massas, inclusive quem deveria saber que as coisas não são exatamente assim. Desde gritos selvagens até grupos de encontros de nudismo, os terapeutas se aglomeram aos pés desses gurus autoproclamados, com resultados, às vezes, desastrosos. John Flowers reconta tal experiência:

> No início do meu estágio clínico, meus professores recomendaram que eu assistisse a um encontro do tipo "imersão". Isso aconteceu em uma época caracterizada pela ênfase à proximidade física e abertura emocional, e tais experiências eram vistas como uma forma de ampliar o estágio. O líder, a quem podemos chamar de Dr. Famoso, era bastante conhecido, e eu acreditei que seria uma oportunidade valiosa de sentar aos pés de uma celebridade na área da Psicologia. Após algumas horas de trabalho em

grupo (nessa altura, estávamos todos extremamente cansados), uma moça tímida tornou-se o centro das atenções do grupo e sua "timidez" transformou-se no problema identificado. Enquanto o grupo continuou pressionando para que ela se abrisse, dois de nós, novatos, começamos a defender seu desejo óbvio de interromper as perguntas. No lugar de conceder essa trégua, o grupo passou a nos atacar. Resistimos razoavelmente bem ao ataque, sofrendo apenas pequenos ferimentos; a jovem, porém, começou a surtar no grupo. Por fim, e opondo-se ao conselho do renomado médico, chamamos uma ambulância. A "vítima" foi levada a um hospital, avaliada e colocada em observação durante 72 horas.

Como evitar o erro

1. Reconheça que os especialistas, como todos nós, podem ter pontos cegos, nos quais o ego supera o conhecimento.
2. Aplique os mesmos padrões de pensamento crítico, independentemente do *status* ou das realizações anteriores de uma pessoa.
3. Lembre-se de que o carisma é sedutor, porém, como demonstra o caso, ele não substitui o conteúdo.

ERRO N° 25
Atingir um *rigor mortis* teórico

Os terapeutas, como todos os seres humanos, encontram segurança ao estabelecer um sistema de crenças. Entretanto, muito profissionais mantêm uma fidelidade quase religiosa às suas posições teóricas. Tal inflexibilidade não permite que os dados conflitantes sejam avaliados de maneira racional. É muito fácil apegar-se de tal forma a uma abordagem terapêutica que quaisquer fatos que nela não se encaixem são ignorados ou "adaptados" para o sistema de crença. Portanto, a pesquisa pode ser vista como um inimigo desses princípios emocionalmente alimentados.

> O Dr. Assertividade liderava grupos e acreditava que a assertividade era a cura para a maioria, se não todos, os problemas interpessoais. Em um grupo, um jovem adolescente cujo pai era alcoolista, foi aconselhado a ser mais assertivo quando seu pai maltratasse a ele e sua mãe. Como resultado de sua assertividade, o garoto foi parar no hospital (felizmente, sem nenhum dano permanente) e o pai, preso.

Mais uma vez, prestar mais atenção às pesquisas sobre assertividade teria acendido um sinal de alerta sobre as condições sob as quais ela não é apenas ineficaz, mas também perigosa.

Como evitar o erro

1. Desenvolva planos de tratamentos consistentes com as pesquisas atuais disponíveis sobre o distúrbio em questão. Familiarize-se com periódicos respeitados que têm como foco a aplicação clínica da pesquisa. Muitos desses periódicos constam nas referências bibliográficas ao final deste livro.
2. Leia, com um olhar cético, os tratamentos "revolucionários" que são divulgados nos programas de televisão (por exemplo, *Dr. Phil* e *Oprah*) ou jornais até que você tenha visto estudos publicados em periódicos respeitáveis.

3. Mantenha-se receptivo a novas informações que desafiem suas crenças clínicas atuais. As abordagens teóricas não são "dogmas religiosos"; questionar os pressupostos de uma abordagem quando novas evidências são apresentadas não é, portanto, uma blasfêmia.

Um exemplo disso envolve a pesquisa que fizemos no auge da época da "codependência está em toda parte". Naquela época, muitos terapeutas não estavam somente convencidos da validade do conceito, mas também havia um movimento para adicioná-lo como um diagnóstico ao *Manual Diagnóstico e Estatístico de Transtornos Mentais*.

A pesquisa que realizamos demonstrou que os clientes que foram diagnosticados por seus terapeutas ou por eles mesmos como codependentes, ou ainda, que obtiveram um escore nos traços dessa síndrome nos instrumentos de avaliação foram diagnosticados de forma mais adequada pelos critérios de transtornos de personalidade. Além disso, o sistema de diagnóstico disponível na época forneceu mais informações específicas e não agrupou todos aqueles clientes em uma só categoria.

Isso não quer dizer que a codependência não seja um conceito útil, mas sim que é um termo "guarda-chuva", como "ansiedade" ou "depressão", que deve ser analisado em mais detalhes para ser realmente útil nos planos de tratamento. Na primeira vez que os autores apresentaram esses dados, os críticos os acusaram de "heresia" terapêutica.

VI. Como estabelecer limites inadequados entre o terapeuta e o cliente

[...] Quanto aos limites, os terapeutas devem trabalhar de forma a poder movimentar-se ao longo da linha interpessoal terapeuta-cliente (com propósitos de identificação), mas, ao mesmo tempo, manter-se firmemente atados ao seu próprio limite (com propósitos de objetividade).

H. Hermansson (1997)

Parece fácil. Ouvimos isso mil vezes durante o nosso aprendizado: "mantenha limites adequados". Porém, pergunte a dez terapeutas quais são as suas definições de limite e é provável que obtenha doze respostas. A noção mais comum sobre os "erros" nos limites envolve o comportamento sexual ou amoroso inadequado. Entretanto, os erros nos limites podem envolver uma ampla variedade de comportamentos complexos. Então, comecemos essa discussão com uma tentativa de estabelecer definições. Um bom ponto de partida é a descrição oferecida por Katherine (1991), na qual se define limite como "uma linha divisória ou fronteira que nos define como separados dos outros [...] que ordena nossas vidas e nos dá uma clara noção de nós mesmos e do nosso relacionamento com os outros". Indo um pouco mais além, Hermansson (1997) introduz os conceitos de fusão e individuação. A fusão ocorre "quando os limites entre o paciente e o terapeuta ficam indefinidos; é um estado de confusão nos papéis de cada um". No outro extremo, estão os terapeutas que permanecem friamente distantes dos seus pacientes, mantendo fronteiras rígidas e inflexíveis demais.

ERRO Nº 26
Identificar-se excessivamente com o cliente

Quando os terapeutas "fundem-se" ou identificam-se excessivamente com seus pacientes, eles vão muito além da expressão de empatia: além de se colocar no lugar do paciente, eles se perdem no processo. O resultado é uma grande falta de objetividade. O interessante é que os terapeutas com altas tendências à fusão relatam muito estresse e preocupação com o bem-estar de seus pacientes, além de muitas dúvidas sobre suas próprias habilidades profissionais (Hellman; Morrison; Abramowitz, 1987).

Os terapeutas que trabalham com vítimas de abuso são especialmente propensos à superidentificação. Nesses casos, eles muitas vezes tentam "resgatar" seus pacientes, oferecendo ajuda e disponibilidade muito além do que é terapeuticamente apropriado. Alguns terapeutas, com fantasias exageradas de salvação, aceitam cada vez mais pacientes com os problemas mais graves. Seu trabalho passa a ser uma missão que, infelizmente, em muitos dos casos, leva à exaustão.

Apesar das boas intenções do terapeuta, a mensagem que muitas vezes transparece para esses clientes é: "seu sofrimento é tão grande que serão necessários enormes recursos e apoio pessoal de minha parte para que você se recupere". Isso abre as portas para o paciente e o terapeuta passarem dos limites e tornarem-se excessivamente dependentes um do outro.

Entretanto, o excesso de identificação nem sempre ocorre no trabalho com os casos tradicionais de trauma.

Em um caso, uma mulher pediu ajuda para lidar com um "casamento vazio, no qual o marido era muito negligente e preocupado com sua carreira e seus filhos". Ela pretendia manter o casamento até que as crianças estivessem na faculdade. A estagiária responsável pelo caso começou a absorver a crescente solidão e sensação de falta de esperança da cliente por não conseguir mudar a situação de uma forma significativa. Após conversar muito com seu supervisor, a estagiária decidiu que seria bom fazer terapia para abordar sua "superidentificação" e o caso foi assumido pelo supervisor.

Como evitar o erro

1. Reconheça que trabalhar de maneira eficaz com os clientes não significa "sentir sua dor". Significa que você expressa a sua compreensão da profundidade da dor sentida por ele. Por exemplo, um cliente muito angustiado revela que um relacionamento muito antigo terminou. Certamente, um terapeuta sensível reconhece o sofrimento demonstrado por ele com afirmações, como "sinto muito pela sua perda; sei o quanto esse relacionamento significava para você". Porém, é importante separar-se da perda do cliente, ou seja, não é bom juntar-se ao luto como se ambos tivessem perdido um relacionamento.
2. Leve em conta que o trabalho com pacientes altamente perturbados e com vítimas de traumas exige atenção especial não só com o bem-estar do paciente, mas também com o bem-estar do terapeuta.
3. Esforce-se com afinco para manter o equilíbrio emocional quando os clientes recontam momentos de abuso e trauma. Tome as medidas apropriadas de

autocuidado do terapeuta e avalie seriamente os esforços para construir uma prática com vítimas de trauma.

4. Reflita sobre o quanto da dor do cliente você está absorvendo e como ela está afetando sua eficácia e seu bem-estar emocional. Pergunte a si mesmo se o que você está sentindo está testando seus próprios limites e se suas emoções são muito intensas para você ser terapeuticamente eficaz.

ERRO N° 27
Permitir níveis inapropriados de intimidade física

Quaisquer que sejam as casas que eu visite, comparecerei pelo benefício dos doentes, mantendo-me à distância de qualquer injustiça intencional [...] e particularmente de relações sexuais com mulheres e homens, sejam eles livres ou escravos.
Juramento de Hipócrates (400 a.C.)

O exemplo mais claro de passar dos limites é o da fusão entre o profissional e o amoroso. Apesar do juramento de Hipócrates ter cerca de 2.500 anos, só recentemente foram colocadas em prática medidas judiciais severas contra o envolvimento amoroso com pacientes em terapia. Agora, tal comportamento é visto como antiético, intrusivo e aproveitador; uma violação da confiança que deve ser inerente ao empenho do terapeuta. Sabe-se também que isso é verdadeiro, independentemente de quem começa as investidas sexuais. Ainda assim, de 10 a 20% dos terapeutas (dependendo do estudo) admitem ter contato sexual com seus pacientes. Essa violação não se restringe aos terapeutas inexperientes. Em uma pesquisa com terapeutas "mais velhos", altamente respeitados por seu conhecimento e envolvimento com a ética, 5% admitiram utilizar "o bem-estar ou outros valores mais profundos do paciente" como argumento para se envolver sexualmente com ele (Jennings *et al.*, 2005).

Algumas pessoas podem argumentar que estão exagerando: terapeutas, treinadores e até professores da pré-escola estão preocupados, pois acreditam que o menor contato físico possa gerar acusações de abordagem física inadequada. Com relação a isso, é fundamental "conhecer o seu paciente", ou seja, precisamos avaliar cuidadosamente um paciente para compreender onde estão os seus limites. Para um cliente, ser confortado por um aperto de mão pode ser visto como algo bastante apropriado sob certas circunstâncias, enquanto outro pode achar que tal comportamento é intrusivo e, ainda, um terceiro pode ser verdadeiramente receptivo a esse contato, esperando que isso leve a um comportamento mais íntimo.

É importante também que os terapeutas conheçam a si próprios, além dos seus pacientes. A situação terapêutica pode apresentar oportunidades para exploração às quais é difícil resistir, particularmente se as necessidades amorosas não estão sendo correspondidas. Precisamos estar atentos aos sinais de alerta que nos avisam se estivermos caminhando rumo a um comportamento inadequado. Na revisão de muitos casos que foram para os comitês de ética, descobriu-se que, quase sempre, "o ato da intimidade sexual foi o ápice de um longo processo que começou com sentimentos vagos, desconfortáveis de excitação, mas que evoluiu com passos calculados, racionalizados" (Keith-Spiegel; Koocher, 1985).

> O Dr. Excitado estava tratando Johanna durante um período em que seu casamento estava sob forte tensão. Sua esposa deixara o mercado de trabalho

e voltara a estudar, para dedicar-se a um mestrado em Enfermagem. O curso era bastante intenso, exigindo que ela trabalhasse muitas vezes à noite e nos fins de semana na clínica da faculdade. Johanna fora criada em um ambiente opressor e aprendera cedo com seu pai que ela devia "ser vista, mas não ouvida". Agora, pela primeira vez em sua vida, ela encontrara um homem (seu terapeuta) que realmente a ouvia e parecia gostar dela e valorizá-la como ser humano. As expressões amorosas começaram de forma inocente: um abraço após as sessões intensamente emocionais, cada vez mais tempo discutindo temas não relacionados à terapia e à vida pessoal do terapeuta. Quando Johanna perguntou sobre a agenda dele e marcou uma sessão para o último horário da noite (algo que ela nunca fizera antes), ficou claro que as coisas saíram de controle. Na sessão seguinte, o terapeuta abordou a questão afirmando que eles precisariam concentrar-se na terapia. Ela, porém, sentiu-se traída por mais um homem e encerrou a terapia. Além de o terapeuta perder uma cliente, Johanna, que comparecera à terapia com vários problemas, agora tinha mais alguns para resolver.

Como evitar o erro

1. Reconheça que não corresponder às necessidades amorosas e de relacionamento fora da prática clínica deixa o terapeuta mais propenso a passar dos limites.
2. Tome uma atitude imediata quando você ou seu cliente começarem a ter comportamentos que passem dos limites. Lembre-se de que o maior número de reclamações e suspensões nos conselhos de Psicologia envolve violações das diretrizes de intimidade física.

3. Fique atento a frases ou gestos sedutores e pergunte a si mesmo: (**a**) O que o cliente ganha sendo sedutor? e (**b**) Quais necessidades o cliente estaria satisfazendo se a sedução fosse bem-sucedida ou não?
4. Alguns problemas comuns quando um cliente está sendo sedutor envolvem o seguinte:
   a. Por compartilhar questões pessoais profundas, o cliente confunde intimidade amorosa com pessoal.
   b. O cliente está procurando desesperadamente intimidade física e sente-se muito próximo emocionalmente do terapeuta.
   c. O cliente quer ou precisa de mais controle sobre a situação terapêutica e está usando o sexo como uma forma de conquistar esse controle.
   d. O cliente sente (ou interpreta mal) as necessidades do terapeuta e tenta satisfazê-las.
   e. O cliente precisa abalar o terapeuta ou o processo terapêutico.

ERRO N° 28
Estabelecer limites excessivamente rígidos

> *[...] os terapeutas emocionalmente distantes podem ser tão perigosos quanto os que buscam muita intimidade.*
>
> M. Webster (1991)

Na outra ponta do espectro da fusão encontra-se a "individuação", estado no qual os terapeutas mantêm uma distância emocional considerável dos seus clientes. Tais terapeutas parecem "desconectados" e, portanto, são vistos como frios, distantes e indiferentes. Nesse caso, a eficácia terapêutica é reduzida e a probabilidade de os clientes interromperem o tratamento é grande.

Manter uma distância emocional ao ouvir sobre a angústia ou trauma passado por um paciente é uma reação natural. Qualquer pessoa que frequente os cinemas já observou como as crianças e os adultos costumam desviar o olhar em momentos particularmente macabros ou dramáticos. Quão maior não seria a tendência a evitar o desconforto de ouvir os dramas e os traumas pelos quais nossos pacientes passaram? O problema é que, ao tornar-se distante, é provável que o terapeuta aja e fale de maneira a minimizar a gravidade das experiências do paciente. Isso pode fazer com que os pacientes se sintam malcompreendidos ou mesmo dignos de culpa por seus infortúnios.

Os terapeutas emocionalmente distantes também podem fazer um movimento para interromper os sentimentos fortes de um paciente antes que eles tenham sido totalmente expressos. Com certeza, o objetivo de todo terapeuta é diminuir a dor e o sofrimento emocionais; mesmo assim, às vezes, é terapeuticamente necessário revisitar memórias, eventos e imagens dolorosas. Nossa tendência natural é tentar suavizar a dor – talvez, mudando de assunto ou pegando imediatamente a caixa de lenços de papel. Isso é, com certeza, adequado se o cliente estiver mandando sinais claros de dissociação. Porém, precisamos ter em mente que um dos fatores de cura na terapia é fazer com que o cliente alcance um ponto em que as recordações de um passado doloroso possam ser gradativamente toleradas. Portanto, na verdade, podemos impedir o progresso terapêutico quando interrompemos esses sentimentos fortes cedo demais, evitando que os clientes reúnam suas próprias estratégias de enfrentamento.

Como evitar o erro

1. Após cada sessão clínica, tire alguns minutos para recarregar suas baterias emocionais. Mesmo que você esteja com pouco tempo, é melhor mudar o foco fazendo algo agradável e até divertido, como dar um telefonema ou enviar um e-mail pessoal.
2. Permita que o cliente expresse emoções apropriadas. Isso não significa reforçar o histriônico, mas permitir que ele expresse todos os seus sentimentos genuínos e, talvez, previamente ignorados.
3. Lembre o cliente que mesmo que você não tenha passado por uma situação idêntica na sua vida, poderá certamente reconhecer o sofrimento pelo qual ele passou.
4. Agradeça ao paciente por confiar em você ao dividir seu passado íntimo.

ERRO N° 29
Permitir níveis inapropriados de autoexposição do terapeuta

O terapeuta esconde, atrás de uma máscara imperscrutável, sua vida particular, quem ele realmente é. Como a lua, o terapeuta reflete [...] as expectativas do paciente sobre outras pessoas.
M. Myers (1982)

Os freudianos dizem não a ela: "isso arruinará a tela branca sobre a qual os sentimentos podem ser projetados e negará a transferência". Outros se opõem a ela porque poderia afetar negativamente os resultados do tratamento, expondo as fraquezas ou vulnerabilidades do terapeuta, diminuindo a confiança do cliente nele. "Ela" é a autoexposição do terapeuta. Os proponentes a favor e contra a autoexposição vêm debatendo a questão há décadas. Felizmente, as pesquisas científicas recentes forneceram uma base fatual extremamente necessária para esse debate.

O estudo mais abrangente sobre a autoexposição do terapeuta foi realizado por Barrett e Berman (2001). Eles treinaram a autoexposição recíproca com os terapeutas, ou seja, autoexposições similares às do cliente em assunto e intensidade. Por exemplo: se um cliente revelasse sentir-se irritado com o rompimento de um relacionamento, o terapeuta revelaria experiências e sentimentos semelhantes. Os resultados foram surpreendentes. Os clientes cujos terapeutas adotaram a autoexposição recíproca relataram menos sofrimento e também gostavam mais dos seus terapeutas do que daqueles que se expunham pouco.

Essa pesquisa comprova estudos anteriores que mostravam que quando os terapeutas expunham sua vida pessoal, os clientes passavam a vê-los como amistosos, abertos, prestativos e calorosos. No entanto, é preciso ter extremo cuidado. Em média, o número de autoexposições dos terapeutas foi um pouco superior a 5 por sessão, enquanto o dos clientes foi de 60 por sessão. Além disso, as autoexposições dos terapeutas foram consideravelmente mais breves que as dos clientes. Isso significa que os terapeutas não reagiram de maneira recíproca a cada autoexposição dos clientes, e foram bastante cautelosos em suas expressões pessoais. As autoexposições excessivas poderiam, na verdade, ter um impacto negativo sobre o tratamento, visto que os clientes poderiam não dispor de tempo suficiente para expressar-se e, ainda, poderiam sentir-se sufocados com tantos detalhes da história pessoal do terapeuta.

Como evitar o erro

1. Mantenha, de forma breve e relevante, as autoexposições do terapeuta. Se a "história" do cliente demorar cinco minutos, a experiência relatada pelo terapeuta deve ser bem mais breve.
2. Tente igualar a intimidade e a intensidade emocional da autoexposição.

> Em um centro de aconselhamento universitário, um estagiário ouvia as descrições de sua cliente sobre seus problemas de relacionamento com o pai, que ela considerava rígido e intransigente com relação às dificuldades da vida estudantil. Ela sentia que todas as suas companheiras de quarto tinham pais mais sensíveis, interessados e compassivos. O estagiário, tentando mostrar compreensão, apenas disse: "Eu também não gosto muito do meu pai e fico o mais distante possível dele". A cliente ficou horrorizada e mudou rapidamente de assunto, tornando-se distante. Na supervisão, o conselheiro percebeu que o estagiário tentara mostrar empatia, mas que a cliente provavelmente considerou a afirmação como algo que minimizava a importância de sua autoexposição.

ERRO N° 30
Não estabelecer limites para o contato terapeuta-cliente fora das sessões

Em um relacionamento terapêutico, muitos clientes tentam fazer mais contato fora das sessões do que o apropriado. Isso pode ocorrer por telefone, por meio de pedidos para que o terapeuta compareça a eventos, como casamentos, ou por *e-mail*, em virtude da atual tecnologia:

> Uma estagiária parecia muito orgulhosa ao descrever os fortes laços que construíra com uma cliente: "Ela me manda *e-mails* pelo menos uma vez ao dia, para pedir conselhos, e me deu várias mensagens de agradecimento por eu estar sempre à disposição". Infelizmente, uma avaliação mais minuciosa do "relacionamento terapêutico" revelou que, na verdade, a terapeuta estava agravando as necessidades de dependência da cliente, dando conselhos para questões sobre as quais ela precisava pensar sozinha. Por exemplo, a cliente concordara em contatar um programa de recreação para obter informações sobre como inscrever-se em um time de basquete. O auxílio à lista forneceu duas opções, mas ela não conseguia decidir qual número deveria ligar e enviou um e-mail para a terapeuta, pedindo ajuda. Esse tipo de pedido de ajuda para tomar decisões simples começou a aumentar dia após dia.

Este tipo de acesso fácil ao terapeuta pode estimular a dependência e inibir o processo de tomada de decisão independente por parte do cliente. O objetivo dos terapeutas é obviamente ensinar os clientes a satisfazer, sozinhos, as suas necessidades. O contato fora das sessões, principalmente quando ocorre para reduzir a ansiedade, muitas vezes pode tornar-se uma adição, com todos os problemas associados ao comportamento aditivo, entre eles a raiva, se a substância aditiva (o terapeuta) não estiver disponível quando o impulso de dependência surgir.

Como evitar o erro

1. Esteja atento aos casos em que um pedido de contato serve simplesmente para reduzir a ansiedade,

especialmente se estiver relacionado a uma decisão que o cliente precisa tomar, ou a uma ação que está sendo vislumbrada por ele.

2. Defina com clareza os limites do contato externo. Esclareça que as chamadas telefônicas devem ser feitas apenas em emergências. Você deve definir estritamente o termo emergência com clientes que tenham uma visão mais ampla do que constitui uma necessidade urgente.
3. Para manter uma distância segura entre sua vida pessoal e a profissional, nunca dê a um cliente o telefone da sua casa ou do seu celular de uso pessoal, não importa o quão importante você acredite que seja o assunto.
4. Seja prudente no contato por meio da internet. Ela não é um meio seguro e, de acordo com as normas da HIPPA[19], tal uso pode violar os direitos de privacidade do cliente (Mallen; Vogel; Rochlen, 2005).

---

[19] A sigla HIPPA significa Lei de Portabilidade e Responsabilidade do Seguro de Saúde ou, em inglês, *Health Insurance Portability and Accountability Act*. Essa lei estabelece um conjunto de normas que as empresas norte-americanas do segmento de saúde devem cumprir para o uso, a divulgação e a proteção de informações de saúde de identificação individual.

VII. Como fazer com que o cliente não cumpra as tarefas

Uma metanálise de 27 estudos mostrou
que tanto as tarefas de casa quanto o cumprimento
delas estão positivamente relacionadas
aos resultados da Psicoterapia.
N. Kazantis; F. Deane; K. R. Ronan (2000)

Como indica o estudo de Kazantis, Deane e Ronan (2000), dar aos clientes oportunidades de aplicar o que aprenderam na terapia é uma das chaves da eficácia terapêutica. Isso faz muito sentido, visto que os clientes passam apenas uma ou duas horas por semana na terapia e mais de 165 horas no mundo real. Portanto, seria compreensível que a maioria dos terapeutas utilizasse regularmente as tarefas "fora das sessões" como parte de seu arsenal terapêutico. Entretanto, a triste realidade é que grande parte desses profissionais relata nunca utilizar tais tarefas. Por que haveria essa disparidade entre o que mostra a pesquisa e o que faz a maior parte dos terapeutas?

O que a pesquisa não mostra é que elaborar tarefas de casa que os clientes de fato cumpram é algo complicado, e há muitos erros terapêuticos que podem interferir no processo. Um caso clínico ajudará a ilustrar a questão:

> O Dr. Decisão estava trabalhando com Sabrina, a quem ele diagnosticara com fobia social. Sabrina tinha dificuldades particularmente nas aulas da faculdade,

preocupando-se de forma excessiva para não chamar a atenção. Para evitar a possibilidade de constrangimento, ela sempre chegava cedo à aula, sentava-se na última fileira e nunca levantava a mão. Após muitas semanas de terapia nas quais nenhuma tarefa foi dada, o terapeuta decidiu que era o momento de agir e sugeriu que ela chegasse cinco minutos atrasada na sua próxima aula. Na sessão seguinte, Sabrina disse inicialmente ao terapeuta que esquecera da tarefa, mas depois confessou que conseguira fazer a primeira parte – chegar atrasada – só que não conseguiu ter coragem o suficiente de realmente entrar na sala, então acabou matando aula.

O caso de Sabrina foi apenas mais um exemplo de "resistência", falta de comprometimento ou de prontidão para mudar? Na verdade, uma análise mais detalhada da abordagem empregada pelo terapeuta revela vários erros terapêuticos que diminuem muito a probabilidade de cumprimento das tarefas por parte da cliente.

ERRO N° 31
Elaborar unilateralmente a atividade que será feita fora da sessão

Para começar, o Dr. Decisão "decidiu" sozinho, sem a contribuição de sua cliente, que era hora de agir e, então, escolheu qual seria a ação. Essa abordagem unilateral ajudou a garantir o não cumprimento da tarefa. Da mesma forma que o processo terapêutico, como um todo, deve ser feito em parceria, cada tarefa precisa ser estabelecida em conjunto. Portanto, o termo "tarefa" não é, de fato, adequado, porque conota que uma pessoa a atribui e a outra concorda com ela. Os conceitos mais adequados são os de "experiências", "atividades" ou "exercícios". Certamente, os terapeutas podem direcionar o desenvolvimento de possíveis estratégias, mas os clientes devem ser encorajados a dar sua contribuição e *feedback* na medida em que as atividades são desenvolvidas. Os clientes que sentem sua participação no processo de elaboração de uma atividade são mais propensos a tentá-la, cumpri-la e mantê-la, independentemente do que tenham aprendido com ela. Excluir o cliente do processo de tomada de decisão aumenta a probabilidade de a atividade estar além de sua capacidade. Neste caso, sugerir que a cliente chegasse à aula atrasada foi uma tentativa de fazer um gol de placa com um só passe, no lugar de movimentar-se gradativamente para alcançar o objetivo final: o gol.

Com evitar o erro

1. Utilize uma abordagem do tipo *brainstorming*[20], participando com o cliente da elaboração de duas ou três possíveis atividades externas que podem ajudar a minimizar o problema. Depois, disponha as soluções em ordem, da menos para a mais difícil. No caso da estudante com fobia social, sentar-se mais perto da parte da frente da sala (e não na última fileira) poderia ser a atividade mais fácil; chegar cinco minutos adiantada (e não dez) poderia ser moderadamente difícil, e chegar atrasada seria a mais difícil.
2. Permita que o cliente determine qual atividade será tentada inicialmente. Lembre-se de que as atividades não precisam ser muito difíceis para serem importantes.
3. Cuidado para não persuadir o cliente na direção da atividade que você preferiria que fosse feita. Isso é muito

[20] N.T.: Sucessão espontânea de pensamentos que vêm naturalmente à tona, sem que haja tempo para a reflexão.

importante no caso de indivíduos passivos, que são particularmente propensos a querer agradar seus terapeutas.

> Uma cliente que estava engajada em agir principalmente de acordo com os desejos de terceiros e que quase não mostrava o que queria, foi ajudada a elaborar duas possíveis atividades: uma delas seria feita no trabalho e a outra, com seus amigos. Ambas foram avaliadas para que seus graus de dificuldade fossem equivalentes e provocassem aproximadamente o mesmo nível de ansiedade, mas a cliente "intuiu" qual delas o terapeuta preferia e concordou em fazer a tarefa voltada para o trabalho. Na semana seguinte, ainda não começara a tarefa, e nem na outra. O terapeuta (sabiamente) perguntou-lhe sobre a outra opção e descobriu que ela seria, na verdade, a primeira opção da cliente, mas ela escolhera a outra porque não queria desapontá-lo.

4. Reforce o cliente para que ele contribua e tome decisões. Os adultos, as crianças, os cães, os funcionários e os clientes reagem aos elogios com uma tendência a repetir o comportamento desejado. Segundo o famoso psicólogo infantil Haim Ginott, "Alcance-os com a bondade."

ERRO N° 32
Não preparar adequadamente o cliente para as "tarefas"

Muitas vezes, os terapeutas utilizam uma abordagem do tipo "tome duas aspirinas e não pegue vento"[21].

[21] N.T.: Essa recomendação médica é, na verdade, oriunda de uma piada norte-americana e se refere ao fato de o médico passá-la ao paciente independentemente do problema de saúde relatado por ele.

Em outras palavras, eles agem como se o trabalho com a saúde mental fosse idêntico ao modelo médico, no qual os clientes pedem ao médico "sabe-tudo" um diagnóstico, um prognóstico e as recomendações para o tratamento. Na verdade, a maioria dos clientes de terapia precisa ser convencida sobre a eficácia de intervenções específicas. Neste caso, além de a opinião de Sabrina não ter sido solicitada, em nenhum momento, na etapa de atribuição de tarefas feita pelo Dr. Decisão, sequer uma dica foi dada sobre o objetivo da atividade indutora de medo. O que parecia óbvio para o terapeuta provavelmente não estava claro de forma alguma para a cliente. Para os que sofrem de fobias como a de Sabrina, uma explicação sobre a eficácia da "exposição gradual" deveria ter sido feita antes de quaisquer recomendações para uma tarefa de casa específica. A preparação para o cumprimento da tarefa de casa também exige uma avaliação detalhada dos obstáculos que podem impedir a sua realização. Lembre-se de que se fosse fácil para os clientes comprometerem-se com tais comportamentos, eles provavelmente já estariam fazendo isso. Como demonstra o caso a seguir, uma avaliação dos obstáculos pode ajudar o terapeuta e o cliente a compreender o problema subjacente com mais clareza.

> Uma cliente de 34 anos que trabalhava no departamento de Recursos Humanos de uma empresa de microprocessadores reclamou de seu trabalho atual e do anterior também, onde trabalhara para o "Sr. Cruel". O emprego atual era descomunal e ela precisava levar trabalho para casa, deixando-a sem tempo ou energia para dar atenção ao seu marido "negligenciado". Entretanto, como havia dificuldades também no seu emprego anterior, o terapeuta começou a se questionar se ela não

estaria contribuindo para suas próprias dificuldades ocupacionais.

Assim, alheio ao que a cliente dissera sobre estar sufocada, o terapeuta fez com que ela concordasse em fazer um "diário" sobre seus sentimentos em relação ao seu emprego atual. Na semana seguinte, ela não fez as anotações e, então, para facilitar a tarefa, a cliente concordou em gravar seus pensamentos. Na sua próxima sessão, sentindo-se ainda mais culpada, ela confessou não conseguir encontrar seu gravador. Por fim, o terapeuta caiu em si e decidiu avaliar mais detalhadamente os obstáculos para a conclusão da tarefa. A conversa deixou claro que a cliente não precisava fazer um diário dos seus sentimentos, mas sim encontrar um trabalho que permitisse a ela ter "tempo para respirar". Então ela decidiu pedir uma transferência para um cargo que exigisse menos dela na empresa na qual trabalhava.

Como evitar o erro

1. Não presuma nada. Muitas vezes, os terapeutas "atribuem", sem explicação, tarefas, tais como a escrita de um diário, o relaxamento e as técnicas de trabalho com imagens, presumindo que seus benefícios serão óbvios para um cliente, que realizará alegremente os desejos do terapeuta.
2. Reserve tempo suficiente na sessão para elaborar tarefas adequadas e para avaliar possíveis obstáculos. As recomendações feitas no último minuto, como aquelas feitas pelo Dr. Decisão à Sabrina, tendem a entrar por um ouvido e sair pelo outro.

ERRO N° 33
Não oferecer um apoio complementar para elevar as chances de o cliente cumprir as tarefas

Fazer com que os clientes cumpram as tarefas de casa (mesmo aquelas que eles ajudaram a elaborar) é quase tão difícil quanto fazer com que os alunos finalizem as tarefas escolares no prazo. Conscientes do problema, os terapeutas bem-sucedidos utilizam uma ampla gama de abordagens criadas para superar os vários obstáculos ao término das atividades fora das sessões.

Como evitar o erro

1. Utilize bilhetes do tipo "*Post-It*". Ao final da sessão, sugira que o cliente anote a tarefa e coloque o bilhete em casa, em um local adequado. O terapeuta também deve anotar a tarefa, para revisá-la na próxima sessão.
2. Encoraje o cliente a falar com uma pessoa de confiança sobre a tarefa, pedindo ao amigo para verificar e dizer como está o andamento da tarefa. Essa pessoa não deve induzir à culpa, nem ter qualquer interesse oculto na atividade, a não ser o bem-estar do cliente. Em geral, maridos/esposas, filhos e pais não são boas opções.
3. Descubra se o cliente tem um "parça" que também estaria interessado em se engajar na atividade desejada. Isso pode ser particularmente útil em tarefas como fazer cada vez mais exercícios ou assistir a aulas ou participar de grupos de apoio.
4. Considere as tarefas como uma forma de aprender sobre uma pessoa, enquanto tenta novas experiências. Enfatize a possibilidade de a pessoa gostar da

oportunidade de desenvolver novas habilidades que podem ser úteis ao longo de toda uma vida. Esse é o lado "vendedor" de um terapeuta.

5. Esteja preparado para tudo ou quase tudo, esclarecendo cuidadosamente cada componente da tarefa (como, quando e onde).
6. Utilize um instrumento formal de avaliação, como a Escala de Avaliação da Tarefa de Casa[22] – EATC (Kazantzis *et al.*, 2000). Esse instrumento tenta identificar obstáculos específicos que podem impedir o cumprimento das atividades fora da sessão. A EATC contém doze perguntas que os clientes respondem a cada semana imediatamente antes de sua sessão. As perguntas abordam fatores relacionados ao cliente, ao terapeuta e à tarefa. O fator relacionado ao cliente explora o quão bem o cliente compreende a lógica por trás da tarefa e se gostou dela.

Embora a maioria dos terapeutas não empregue tal instrumento em todas as tarefas, o uso regular de perguntas do tipo-EATC pode ter um valor incalculável, auxiliando o terapeuta e o cliente a identificar os obstáculos que impedem a conclusão de uma tarefa e, portanto, o crescimento terapêutico. Além disso, essas perguntas dão aos terapeutas um *feedback* extremante importante sobre a sua capacidade de apresentar justificativas claras, diretrizes específicas e tarefas com níveis de dificuldade apropriados.

---

[22] N.T.: *Homework Rating Scale* ou *HRS*. Este instrumento não está validado no Brasil pelo Sistema de Avaliação de Testes Psicológicos (SATEPSI) do Conselho Federal de Psicologia (CFP).

VIII. Como piorar atitudes que já são ruins

Nenhum problema psicológico pode ser resolvido, nenhum processo de ajuda pode ser conduzido, sem que ocorram tentativas de mudança de atitudes.
D. Johnson (1980)

Quantas vezes você já ouviu os pais advertirem seus filhos, dizendo: "Você precisa mudar sua atitude, mocinho (ou mocinha)". Os terapeutas costumam passar pela mesma frustração: "Por que meu cliente não consegue ver o quão prejudiciais e distorcidas são suas atitudes contraproducentes e simplesmente superá-las?" Ah, se fosse tão fácil assim... Porém, a difícil tarefa de mudar as atitudes dos clientes pode ser a chave do trabalho terapêutico. As atitudes negativas contribuem diretamente com os sentimentos de raiva, depressão, ansiedade, vergonha e culpa. Mas, como sabem todos os terapeutas, as atitudes podem ser muito resistentes à mudança. Os clientes apegam-se de maneira implacável às atitudes contraproducentes, como sentir que são "inferiores" ou "feios", mesmo diante de evidências significativas que indiquem o contrário. A mudança de atitude requer uma análise da visão do cliente sobre si mesmo, o mundo e o futuro. Muitas dessas cognições desenvolveram-se durante anos e podem estar profundamente enraizadas. Portanto, a mudança é uma questão complicada e requer consciência dos erros terapêuticos que podem realmente fortalecer as atitudes que você deseja modificar.

Como primeiro passo, é fundamental que os terapeutas compreendam a diferença entre atitudes e cognições. As cognições simples são respostas claras a contextos muito específicos. Um exemplo é um estudante que acredita que um ou dois professores não gostam dele (o que pode ou não ser verdade). As atitudes, por outro lado, são grandes sínteses de uma ampla variedade de cognições relacionadas que se desenvolveram em vários contextos. Um exemplo de atitude é: "As figuras de autoridade não gostam de mim". As pessoas afirmam suas cognições de forma direta. Porém, elas raramente afirmam uma atitude da mesma forma; em vez disso, expressam-na por meio de padrões de afirmações que envolvem um tema específico. Por exemplo:

1. "Não se pode confiar nas pessoas" é uma atitude que reflete a falta de confiança em várias situações, envolvendo relacionamentos com os amigos, o sexo oposto, os familiares ou empregadores. As cognições como "não gosto de falar sobre mim" ou "não dou tanta importância às amizades" podem refletir tal atitude.
2. "Nada do que eu fizer vai dar certo" é uma atitude que se manifesta quando a pessoa é chamada para executar novas tarefas. Os indivíduos com essa atitude podem dizer "esta tarefa é impossível" ou "nunca estarei à altura".
3. "De maneira geral, as pessoas não gostam de mim" é uma atitude que ocorre quando a pessoa enfrenta uma possível rejeição. Então, ao encontrar alguém pela primeira vez, ela pode dizer "isso será, provavelmente, mais um desastre".

Comparadas às atitudes, as cognições, na medida em que ocorrem, são mais fáceis de serem reconhecidas pelos clientes e terapeutas. Isso possibilita o trabalho com a terapia cognitiva, comprovadamente muito eficaz, para ajudar os clientes a identificarem vários padrões de pensamentos distorcidos e improdutivos. Os manuais de terapia cognitiva foram amplamente discutidos em inúmeras publicações técnicas conhecidas. Entretanto, as abordagens sobre a mudança de atitude receberam muito menos atenção, e os terapeutas cometem vários erros ao tentar modificar as atitudes do cliente.

ERRO N° 34
Não preparar o cliente para uma mudança de atitude

Com muita frequência, os terapeutas envolvem-se em discussões sobre as atitudes do cliente sem preparar o terreno para fazê-las. Nesse caso, o cliente pode sentir-se atacado de forma inadvertida, resultando, muitas vezes, na inflexibilidade do seu ponto de vista ao tentar argumentar sobre a questão. Evitar este cenário significa, em primeiro lugar, explicar a relação entre as atitudes e as emoções, ou seja, "as atitudes negativas costumam resultar em emoções negativas" e, portanto, mudar as emoções significa examinar as bases lógicas de uma atitude.

> Um estudante, que estava há quatro anos numa faculdade, cujos cursos tinham dois anos de duração, disse sentir-se inferiorizado nos últimos tempos, pois todos os seus colegas estavam mais adiantados do que ele para se formar. Ele repetira em matemática e, para ajudar financeiramente os pais, trancara um semestre de estudos para trabalhar em período integral. Antes de se opor à sua atitude de "inferioridade" em

virtude do menor desempenho escolar, o terapeuta inicialmente explicou as consequências da atitude: "Ultimamente, temos falado sobre a relação entre a sua tristeza e a atitude de não ser tão competente quanto seus amigos, que estão se formando mais rapidamente. Essa ligação está um tanto quanto clara para você? Se estiver, você acha que seria bom avaliar a possibilidade de que estar atrasado não seja tão ruim assim?"

Uma vez que o cliente compreenda a relação entre a atitude e seus sentimentos negativos, o terapeuta poderá passar para o procedimento de mudança de atitude apropriado.

Como evitar o erro

1. Perceba que, como terapeutas, lemos vários estudos sobre a relação entre pensamento e comportamento. Entretanto, para o cliente comum, é provável que esse conceito seja um tanto quanto estranho. Então, é preciso que haja um cuidadoso exercício de "ligar os pontos" para que o cliente "una-se" ao terapeuta na busca por uma atitude nova, mais produtiva. Caso contrário, prepare-se para uma queda de braço com o cliente.
2. Adote uma abordagem bem-humorada no lugar do "tom professoral corretivo" para mostrar o seu ponto de vista. Dizer "lá vem de novo aquela atitude do tipo tudo ou nada que adoramos" é melhor que lembrá-lo com severidade que ele está, mais uma vez, pensando de maneira "distorcida".
3. Não tente simplesmente dissuadir o cliente de uma atitude. Isso é maior que vocês dois. Somente a ação, a experiência e o trabalho com imagens são suficientemente fortes para modificar as atitudes.

ERRO N° 35
Contar com estratégias passivas de aprendizagem

A mudança de atitude não acontece com sermões, exortações ou discursos motivacionais do tipo "você consegue". Simplesmente dizer aos clientes com baixa autoestima que eles têm, na verdade, muitas qualidades, interesses e habilidades não deve resolver o problema. Em vez disso, os terapeutas precisam fazer o que os grandes professores têm feito desde os tempos antigos: envolver ativamente os alunos no processo de aprendizagem. E a mudança de atitude é um processo de aprendizagem muito similar ao de se aprender uma nova filosofia ou um conjunto de valores. Comprovou-se que a aprendizagem ativa resulta em uma interiorização muito maior dos conceitos do que a aprendizagem passiva por memorização.

Como evitar o erro

1. Utilize o questionamento socrático. Esta abordagem é tão antiga quanto Sócrates – talvez, até mais antiga. Em vez de dar sermões nos clientes explicando por que eles deveriam mudar as atitudes inadequadas, o questionamento socrático é sistemático e não confrontacional e permite que as pessoas tirem suas próprias conclusões sobre a imprecisão de suas atitudes negativas. Matross (1975) desenvolveu uma abordagem em quatro etapas, na qual aplicava o método socrático para mudar as atitudes prejudiciais que os clientes adotavam em relação a si próprios:
   a. **Identifique a atitude prejudicial**: O terapeuta faz, inicialmente, uma avaliação cuidadosa para obter quaisquer atitudes negativas, tais como

"não conquistei muitas coisas ao longo da minha vida", "sou incompetente" e "fracassei em tudo o que fiz".

b. **Identifique uma atitude alternativa**: Uma que seja incompatível com a negativa. Após a avaliação, o terapeuta constrói uma visão mais positiva e precisa do cliente (por exemplo: "sou mais competente do que acredito ser").

c. **Obtenha vários exemplos de comportamentos associados à atitude incompatível**: Agora, o questionamento começa com o objetivo de revelar as inconsistências em relação à atitude prejudicial:

   - Você pode pensar em alguns exemplos recentes ou mais antigos de momentos nos quais você tenha se esforçado para realizar alguma coisa?
   - Quais foram os resultados do seu esforço?
   - O que você sentiu em relação ao resultado?
   - Que resposta você obteve pelo seu trabalho?

d. Faça com que o cliente reflita sobre a nova atitude incompatível. O passo final é ajudá-lo a sintetizar as informações "concorrentes" e integrá-las em uma visão de si revisada: "Com base no que conversamos, quais são seus pensamentos sobre a sua habilidade de ser bem-sucedido?".

2. Faça um *role-play*. Com esta abordagem, o terapeuta explica ao cliente que, às vezes, a maneira mais eficaz de mudar uma atitude prejudicial é "praticar a ação, como se você fosse uma pessoa cuja atitude é oposta à sua, por exemplo, alguém com autoestima e confiança elevadas que goste de falar de seus pontos fortes e suas conquistas". É imprescindível que o terapeuta estimule o cliente a incorporar completamente

o papel representado, pois "quanto mais envolvido emocionalmente ele estiver no papel, mais eficaz será seu efeito sobre suas atitudes" (Johnson, 1980).

ERRO N° 36
Não prestar atenção às crenças centrais do cliente

Alex, um cliente de 32 anos, estava no terceiro casamento (ou, digamos, caminhando para o seu fim), quando sua esposa insistiu para que ele fosse à terapia com ela para tratar dos seus sentimentos de desconfiança em relação a ela. A avaliação de seus relacionamentos anteriores revelou uma atitude profundamente arraigada de que as mulheres não são dignas de confiança, o que o levou a adotar um comportamento "distante", fazendo com que suas parceiras (inclusive sua esposa) ficassem cada vez mais afastadas dele. No início, o terapeuta tentou aplicar técnicas de mudança cognitiva com o objetivo de diminuir o pensamento dicotômico de Alex e sua tendência à generalização. Percebendo que aquilo fazia sentido, o cliente concordou, mas isso em nada contribuiu para mudar seus sentimentos básicos em relação às mulheres. Após ser encaminhado para um terapeuta mais experiente em mudança de atitudes, Alex começou a reconhecer, após algum tempo, que a atitude que estava por trás das suas dificuldades envolvia a crença de que as mulheres não são dignas de confiança porque os homens irão desapontá-las em longo prazo, exatamente como seu pai fizera. Quando o foco mudou para a crença central correta, as técnicas adequadas de mudança de atitude foram aplicadas e Alex progrediu significativamente.

As crenças profundamente arraigadas podem ser modificadas, mas somente quando são claramente identificadas e o cliente pode ser levado a ver o que elas produzem, e que outras pessoas, dignas de admiração e bem-sucedidas, têm outras crenças mais eficazes para trilhar os caminhos da vida.

Como evitar o erro

1. Para conhecer as crenças do cliente, pergunte sobre as pessoas que ele admira ou em quem ele se espelha:
   a. Quais foram os heróis ou heroínas dos livros, filmes ou da vida que você admirou na infância?
   b. Quem são os seus heróis agora?
   c. Que notícia sobre as atitudes de alguém o animou?
2. Verifique o que o cliente pensa que seus heróis ou mentores acreditam. Ele partilha dessas crenças? Quando há uma diferença, por que ela existe?
   a. Em que você acha que estas pessoas acreditam?
   b. Você compartilha das mesmas crenças?
   c. Quem você gostaria de ter como seu mestre na vida?
   d. O que você aprenderia com ele?
3. Forme uma imagem mais abrangente do papel que a crença exerce sobre a vida do cliente, perguntando:
   a. O que esta crença acrescenta na sua vida?
   b. Do que esta crença o protege?
   c. O que ela lhe custa?
   d. O preço é alto demais?
   e. Em que mais uma pessoa feliz e sensata pode acreditar?

Lembre-se de que as crenças centrais não aparecem em uma ocasião específica ou em resposta a uma série de perguntas feitas de uma só vez. A análise dos valores é parte essencial e constante do processo terapêutico.

ERRO N° 37
Não explicar que as atitudes podem ser modificadas

> Por que estou tão deprimido? Deve ser a minha personalidade. As outras pessoas não deixam que as coisas as aborreçam como eu deixo.

A maneira como os clientes veem a fonte dos seus problemas pode ter grande impacto em seu grau de otimismo para a mudança. Quando eles veem seus problemas como resultantes de fontes estáveis e fixas, como sua personalidade básica ou o "destino", é provável que se sintam desesperançosos e desencorajados. Portanto, os terapeutas precisam mudar esses erros de percepção, elaborando explicações focadas no papel dos estresses ambientais e os hábitos de comportamento e de pensamento adquiridos. A atribuição de problemas a fontes instáveis pode proporcionar, pelo menos, melhora em curto prazo no bem-estar do cliente, assim como esperança para a mudança em longo prazo.

> Durante sua primeira sessão, Rosie, uma gerente de 59 anos, residente na Califórnia, afirmou ter destruído o relacionamento com seu irmão, seu último parente vivo. Ela foi a um casamento em Wisconsin, cidade onde ele morava, e começou uma discussão com sua esposa de 45 anos. A discussão se agravou, e Rosie estava convencida de que tinha muito mais conhecimento sobre o assunto e que a cunhada ignorava os fatos. Resultado: seu irmão avisou que não iria mais visitá-la no verão como sempre fizera por

muitos anos. A atitude subjacente que levou às dificuldades de Rosie foi resumida por sua afirmação para o terapeuta: "Sempre acreditei que se alguém está errado, você simplesmente diz que ele está". Uma avaliação das pessoas que ela valorizava em sua vida revelou que seu pai e seu marido apoiavam tal atitude, acreditando que "quem cala, consente". Neste ponto, Rosie acreditava que não havia como mudar, já que, ao longo da vida, perdera vários relacionamentos por suas opiniões contundentes. No início, o terapeuta tentou utilizar uma abordagem cognitiva, na qual Rosie precisava avaliar os méritos relativos de exteriorizar suas opiniões em conversas com a cunhada ou salvar o relacionamento com seu último parente. Embora Rosie pudesse entender que o mais importante era o relacionamento com seu irmão, ela ainda não conseguia evitar o acesso de fúria. Para ajudar a modificar o conceito de que mudar era possível, o terapeuta pediu que ela praticasse a afirmação "discordo totalmente de você, mas não vale a pena brigar por isso" e, depois, se imaginasse saindo da sala. Por fim, Rosie sentiu que poderia conversar com a cunhada, que, agora, era vista como incapaz de mudar.

Como evitar o erro

1. Faça com que os clientes que se veem como imutáveis aprendam algo novo para a próxima sessão. A tarefa pode ser simples, como aprender a cozinhar algo diferente ou fazer uma palavra cruzada, desde que eles nunca a tenham feito.
2. Envolva o cliente em uma discussão para rever os vários ajustes feitos na vida, como ir a novas escolas, mudar de um bairro para outro e fazer novas amizades. Lembre

o cliente como essas mudanças pareciam inicialmente difíceis e insuperáveis, mas que, com o passar do tempo, tornaram-se fontes de orgulho e sensação de missão cumprida.

3. Discuta os conceitos de "otimismo" e "pessimismo". Faça com que o cliente identifique em que ponto de um *continuum* ele vê a si mesmo, seu futuro e sua visão de mundo. Faça-os registrar seu nível de otimismo semanalmente, observando quaisquer mudanças que ocorram.

IX. Como não confrontar os clientes

O confronto é utilizado quando o terapeuta detecta discrepâncias: (a) entre o que os clientes dizem e o que disseram antes; (b) entre o que os clientes estão comunicando verbalmente e não verbalmente; e (c) entre a forma pela qual os clientes veem seu problema e a forma pela qual os terapeutas o veem.

S. R. Walen; R. DiGiuseppe;
W. Dryden (1992)

É raro um terapeuta que aprecie a ideia de apontar as inconsistências, os déficits e os padrões cognitivos ou comportamentais negativos de seus clientes. Em geral, queremos encorajar, estimular e ter empatia ao mesmo tempo que enfatizamos os pontos fortes de uma pessoa. Então, muitas vezes, evitamos discutir os atrasos constantes de nossos clientes para as sessões, seus pagamentos inadimplentes, seus comportamentos contraproducentes e a não realização das tarefas terapêuticas acordadas. Trazer tais assuntos à tona é frequentemente interpretado como algo *confrontacional*, um termo que evoca imagens de batalhas verbais tensas, nas quais uma das partes tenta obter vantagem. Entretanto, o objetivo dos confrontos terapêuticos é bem diferente. Em vez de ser um jogo de poder, é uma tentativa de educar e expandir a autoconsciência do cliente.

ERRO N° 38
Reagir passivamente ao comportamento improdutivo do cliente

> Cláudia começou a terapia com algum receio, visto que seu terapeuta anterior interrompera o tratamento apenas com a vaga alegação de que ele achava que não poderia ajudá-la. Muitos comportamentos que ele via como uma "esquiva da terapia" incomodavam seu novo terapeuta, o Dr. Zemansky. Em outras palavras, Cláudia muitas vezes chegava atrasada, saía cedo para participar de outras atividades e faltava às sessões sem ligar com antecedência. Curiosamente, as ausências dela geralmente ocorriam após um encontro terapêutico particularmente "eficaz", pelo menos do ponto de vista do terapeuta. O Dr. Zemansky temia a possibilidade de perder a cliente e, pior ainda, fracassar como terapeuta caso discutisse essas questões.

Muitos terapeutas que evitam o confronto simplesmente não se sentem confortáveis em assumir um papel autoritário ou assertivo. De certa forma, isso se assemelha ao pai que é muito bom no cuidado com os filhos, parte constituinte da parentalidade, mas acha difícil estabelecer limites apropriados. É claro que os clientes não são crianças, mas há momentos em que a comunicação assertiva é a essência da terapia, a chance do crescimento terapêutico. Omitir tal comunicação equivale a deixar as crianças crescerem sem a orientação dos pais.

No caso da cliente que "se esquivava da terapia", o Dr. Zemansky recebeu ajuda para formular uma resposta mais assertiva. Ele disse à Cláudia que gostaria muito que a terapia fosse bem-sucedida, mas se questionava se ela poderia sentir-se mais confortável e, portanto, congruente com outro terapeuta. Depois, ele perguntou à cliente se essa seria uma boa solução e, se não fosse, qual seria. Este "confronto" levou a uma discussão produtiva, na qual a cliente ficou ciente de sua "ambivalência" para conectar-se com mais um terapeuta, temerosa de que pudesse ser abandonada novamente. No fim do "confronto", Claudia afirmou estar realmente surpresa pelo fato de o Dr. Zemansky importar-se o suficiente com ela para discutir essa questão, e isso resultou num comprometimento renovado com a terapia.

Como evitar o erro

1. Reconheça que os clientes raramente reagirão de forma negativa aos "confrontos" se eles forem feitos com sensibilidade.
2. Proceda com cautela, equilibrando qualquer crítica com afirmações de apoio. Como no caso mencionado anteriormente, o terapeuta foi cuidadoso ao fazer, em primeiro lugar, a afirmação de que desejava que a terapia fosse bem-sucedida para a cliente, e não que ele a estava repreendendo pela sua aparente falta de comprometimento. Depois, ele perguntou se os seus atrasos poderiam ser um reflexo da sua insatisfação com o tratamento.
3. Quando precisar enfrentar questões mais delicadas, faça antes um ensaio comportamental das afirmações até que você esteja razoavelmente seguro. Em outras palavras, precisamos "tomar nosso próprio remédio" e praticar, com antecedência, comportamentos assertivos para diminuir a ansiedade.
4. Lembre-se de que a terapia implica oferecer um equilíbrio entre compaixão e desafio para os clientes. Focar

a atenção somente nos aspectos do cuidado do tratamento terapêutico é omitir a base do crescimento terapêutico, ou seja, a mudança. E a mudança não costuma acontecer assim, do nada; muitas vezes, é preciso um terapeuta que se importe o suficiente para lidar com os padrões negativos ou improdutivos de comportamento ou pensamento do cliente.

ERRO Nº 39
Reagir de forma agressiva ou insensível

No outro extremo dos terapeutas passivos estão aqueles que dão um *feedback* de maneira excessivamente severa ou grosseira. Tais terapeutas parecem esquecer-se de um princípio fundamental do "treino de assertividade": ao dar um *feedback* negativo, a comunicação precisa ser suficientemente firme para que ela seja compreendida, enquanto, ao mesmo tempo, é respeitosa e demonstra apoio.

> Um caso envolvia uma professora universitária que mantinha um relacionamento amoroso com um colega casado. Pacientemente, ela esperou muitos anos que ele se separasse da esposa, mas ele sempre dava uma ou outra desculpa para não terminar o casamento. Seu terapeuta estava tão cansado quanto ela da situação, e ansioso para que a questão fosse solucionada. Em um momento de impaciência, ele disse: "Você já imaginou o impacto que isso teria sobre a esposa e os filhos dele?". Essa tentativa de indução de culpa ofendeu muito a cliente, e ela encerrou de forma abrupta a terapia.

Cada terapeuta tem um "limite". Às vezes, pode ser um tipo específico de cliente que desencadeie comentários insensíveis ou hostis. Isso pode incluir adolescentes que reclamam sem parar dos seus pais, casais em processo de divórcio que envolvem os filhos no rompimento, pais abusivos, clientes sem disposição para tentar qualquer coisa que esteja fora de sua zona de conforto, e casais que só veem a contribuição do cônjuge para seus problemas do casamento. Estes são somente alguns dos casos dentre os vários que podem desafiar a paciência e a boa vontade de um terapeuta. Qual é o terapeuta que não teve vontade de dizer a um adolescente reclamão que seus pais também são humanos e estão apenas tentando fazer a sua parte? Não seria bom lembrar aos pais excessivamente protetores que eles também já foram jovens? Porém, um número de casos cada vez menor provavelmente compensaria o prazer de tais confrontos.

Como evitar o erro

1. Identifique aquelas categorias de pacientes que podem fazer você perder a cabeça. Além dos exemplos citados anteriormente, alguns terapeutas têm pouca tolerância aos clientes do "tipo TDAH" que não conseguem permanecer no assunto em questão, indivíduos muito tímidos que precisam ser continuamente incentivados a participar da conversa, clientes narcisistas que acham que o "mundo gira ao redor deles", clientes com o transtorno de personalidade *borderline* que são imprevisíveis e costumam agredir o terapeuta, e clientes depressivos quando estão com um humor particularmente "ranheta".
2. Seja firme ao estabelecer regras adequadas de comportamento durante a terapia. Isto é muito importante, especialmente nas sessões de terapia de casal ou família.

3. Deixe que os clientes saibam de forma direta e honesta que o comportamento deles não está contribuindo para os objetivos da terapia. Às vezes, uma metáfora descontraída pode ser usada para transmitir a mensagem. Por exemplo: "Agora é aqui que eu acho que preciso lhe dar um puxão de orelha. Estamos falando de você cuidar de si e o que você está me dizendo é que você não se cuida. Então, quero lhe dar um puxão de orelha" (Kassan, 1999).

X. Como fazer com que os clientes recusem o uso de medicamentos

Ter um terapeuta implica na possibilidade de pedir informações sobre o uso de medicamentos [...] e a ingestão de medicamentos para mudar a maneira de pensar ou sentir faz parte de uma interação que pode ter significados poderosos para o paciente.

M. Gitlin (1996)

Amber, uma estudante de 23 anos, voltou à faculdade após ter ficado hospitalizada em virtude de um grave episódio de mania. Ela procurou tratamento no centro de aconselhamento psicológico de sua universidade, onde disse que, no momento, seus "episódios" estavam relativamente bem controlados com o uso de medicamento, mas que ainda se sentia um pouco deprimida e com dificuldades para conhecer as pessoas no *campus*. Após uma consulta com seu psiquiatra, recomendou-se que ela acrescentasse um antidepressivo ao seu plano de medicação diária. Entretanto, Amber se opôs veementemente, dizendo: "Eu não quero ser supermedicada, nem ficar dependente de remédios.

Apesar da percepção comum de que um grande número de pessoas busca alívio para os sintomas psicológicos por meio da medicação, na verdade, a indicação do uso de medicamentos é uma das intervenções mais delicadas e perigosas que um terapeuta[23] pode fazer. O caso de Amber exemplifica muito bem essa questão. Eis alguém cuja experiência com um medicamento é essencialmente positiva e, mesmo assim, ela é muito resistente ao uso de um segundo. Para os que nunca utilizaram um medicamento psicotrópico, a resistência pode ser ainda maior. Em muitos casos, se não houver sensibilidade e preparação adequadas por parte do terapeuta, o relacionamento entre ele e o cliente pode ser prejudicado, ou ainda, pode ocorrer um encerramento precoce e unilateral das sessões.

ERRO N° 40
Não preparar os clientes com antecedência para um possível uso de medicamentos

Sabendo que a maioria dos clientes resistirá ao uso de medicamentos, é melhor semear a ideia dessa possibilidade o quanto antes no tratamento. Os terapeutas desenvolvem um sexto sentido de que os sintomas dos seus clientes podem ser graves o suficiente para justificar a avaliação do uso de um medicamento. Quando este for o caso, é bom mencionar que, às vezes, ele pode melhorar a eficácia da terapia. Tenha

[23] N.T.: De acordo com a Associação Americana de Psicologia (APA), o psicólogo pode prescrever/suspender a medicação para transtornos mentais nos Estados Unidos. Para fazê-lo, no entanto, ele precisa preencher vários requisitos, tais como ter uma graduação e um doutorado em Psicologia, fazer um tipo de estágio clínico supervisionado com duração entre 1.500 e 6.000 horas, prestar um exame nacional e, em alguns casos, até regional para obter uma licença. No Brasil, entretanto, o Conselho Federal de Psicologia (CFP) assevera que a prescrição de medicamentos é uma atribuição privativa da Medicina. Logo, o psicólogo, no Brasil, não pode fazer qualquer tipo de prescrição medicamentosa. Se o fizer, isso pode ser caracterizado como exercício ilegal da profissão.

cautela ao enfatizar que você ainda não tem certeza se, neste caso, o medicamento será necessário. Depois, tente descobrir a opinião do cliente em relação à possibilidade de usá-lo. Isso lhe dará uma ideia do que você poderá enfrentar no futuro.

Como evitar o erro

1. Avalie o histórico do cliente quanto à medicação psicotrópica no início da terapia, assim como as suas atitudes atuais em relação ao uso de medicamentos.
2. Atualize constantemente seus conhecimentos sobre a Psicofarmacologia. Para tanto, pode-se fazer cursos de educação continuada e "visitar" *websites*, tais como o *Medline*, e manter-se atualizado quanto à literatura.
3. Ao lidar com transtornos mentais para os quais o uso de medicamentos é comum, informe seus clientes sobre isso no início do tratamento. Dê-lhes uma noção breve, porém, factual, da possível eficácia do medicamento.
4. Faça uma lista de possíveis recomendações para a avaliação do uso de medicamentos. Tenha cautela ao fundamentá-las nos testemunhos de ex-clientes ou clientes em tratamento, em vez de recomendar aqueles médicos com quem você mantém um relacionamento pessoal.

ERRO N° 41
Não se preparar para as objeções, preocupações e resistência ao uso de medicamentos por parte do cliente

Um contador de uma empresa petrolífera mostrava sinais de depressão com sintomas vegetativos

> (padrões de perturbação do sono, diminuição do apetite, falta de coordenação e ligeiro retardo psicomotor). O terapeuta recomendou acertadamente uma consulta com um psiquiatra para avaliar o possível uso de um medicamento. O cliente concordou, acenando com a cabeça, mas postergou a consulta e, quando finalmente a agendou, ele não compareceu porque perdeu a hora de manhã.

Quando você recomenda uma avaliação para o uso de medicamentos, é importante abordar quaisquer preocupações que o cliente possa ter. No caso citado acima, o terapeuta enganou-se com o leve aceno de cabeça, interpretando-o como um compromisso de buscar essa avaliação. Somente semanas depois, após ter perdido a consulta, o terapeuta investigou mais detalhadamente as questões do cliente sobre a sua recomendação. Então, descobriu-se que a confidencialidade era a questão principal. Ao que tudo indica, o empregador do cliente processava internamente os pedidos do plano de saúde e o cliente, por sua vez, não queria que ficasse registrado em sua ficha que ele estava recebendo tratamento médico para uma doença psiquiátrica.

Com evitar o erro

1. Sempre que possível, fale de forma generalizada sobre o uso de medicamentos antes de recomendar aos clientes que eles façam uma consulta psiquiátrica.
2. Não confunda o silêncio do cliente com aceitação. Alguns clientes podem ser bastante passivos e não dispostos a arriscar a desaprovação do seu terapeuta, questionando suas recomendações. Nesses casos, é função do terapeuta descobrir as possíveis objeções, fazendo uma pergunta, tal como: "Muitas pessoas

se preocupam de maneira excessiva com o uso de medicamentos como parte da terapia. Eu estava me perguntando, é esse o seu caso?"

3. Esteja preparado para responder às perguntas dos clientes e ajude-os a diminuir sua ansiedade quanto ao assunto. Muitas vezes, a resistência ao medicamento está relacionada aos significados que eles atribuem à ideia de ser medicado. A seguir, estão algumas das objeções ou preocupações mais comuns que os pacientes podem ter e algumas sugestões de resposta:

   a. **Objeção 1**

      Paciente: Isso quer dizer que você está insatisfeito com o meu progresso na terapia?

      Terapeuta: De maneira alguma. Isso significa que um ajuste temporário da química cerebral pode auxiliar a terapia e torná-la mais rápida.

   b. **Objeção 2**

      Paciente: Isso significa que você me acha louco ou não tão saudável para fazer a terapia normal?

      Terapeuta: Normalmente, o remédio é um suporte temporário que ajuda nossa terapia a funcionar mais rapidamente. Quando você fica deprimido ou ansioso, seu cérebro pode entrar em um novo padrão que passa a ser habitual. Os medicamentos podem ajudá-lo a sair desse hábito e a voltar para um estado mais adaptativo.

Para muitos pacientes, as preocupações resultam de uma falta de informação. Eles estão preocupados (com motivos para tanto) com questões como dependência e efeitos colaterais. Em tais casos, é indicada uma abordagem psicoeducacional. Ela pode envolver uma ampla variedade de ferramentas educacionais, dentre elas, folhetos, *websites* e ilustrações que ajudem a explicar os conceitos básicos do funcionamento cerebral (dois *websites* úteis que fornecem uma boa visão geral de medicamentos psicotrópicos para os leigos são <www.healthyplace.com> e <www.askthetherapist.com>).

c. **Objeção 3**

Paciente: Acabo de ler sobre os terríveis efeitos colaterais dos antidepressivos.

Terapeuta: Os efeitos colaterais realmente existem e os piores aparecem na mídia. Eles são incomuns, mas o médico que eu lhe recomendei está disposto a discutir detalhadamente essa questão, além de lhe dizer como identificar quaisquer sinais de dificuldade.

d. **Objeção 4**

Paciente: Ainda assim, prefiro não me arriscar.

Terapeuta: Tudo bem. Mas, pelo menos, você deveria falar com um especialista sobre o assunto e tomar uma decisão informada. Se, após a consulta, você não quiser tomar o medicamento, não precisará fazê-lo. Se o psiquiatra concordar que você é um bom candidato ao uso de medicamento e puder aliviar seus medos, você terá mais uma opção para sentir-se melhor.

A medicação é uma ferramenta para ajudar no processo terapêutico. Para a pessoa certa, no momento certo, pode auxiliar e acelerar o tratamento. Um *sim* ou um *não* automático não são boas respostas à recomendação de uma consulta para abordar o uso de medicamentos. Sempre lembre aos clientes que eles são os responsáveis pelo tratamento, e uma consulta não significa que um medicamento será prescrito, nem que, se prescrito, eles serão obrigados a tomá-lo. É apenas uma opção que pode ajudar no tratamento.

XI. Como não encerrar a terapia

Da natureza do trabalho, surge a natureza do encerramento. Se tivermos nos encontrado três vezes, podemos parar e pôr fim ao trabalho na mesma sessão em que surgir a ideia de encerramento. Se estivermos nos encontrando por três anos, provavelmente, falaremos aos poucos sobre o assunto.

Provavelmente, falaremos sobre isso por algum tempo até que não haja mais nada a ser dito e, depois, falaremos sobre a natureza da relação.

M. Sullivan; T. Skovhold;
L. Jennings (2005)

O início de um relacionamento é sempre difícil: os primeiros instantes no contato com um novo cliente são de "vai ou racha", enquanto tentamos diminuir aquela incômoda distância entre dois estranhos. O final pode ser ainda mais difícil: às vezes, o cliente torna-se um "desaparecido", encerrando de maneira unilateral o tratamento, sem avisar. Mesmo quando a decisão é mútua, os sentimentos de perda podem surgir para o cliente e o terapeuta. Portanto, lidar com a questão do encerramento é parte integrante do processo terapêutico. E, tão importante quanto começar bem, é terminar bem. Entretanto, o encerramento como tema não recebe a devida atenção e, por isso, podem ocorrer vários erros de omissão e de comissão[24].

ERRO N° 42
Não discutir o encerramento no início da terapia

Não se preparar é preparar-se para fracassar.
JOHN WOODEN

No processo terapêutico, com que antecedência a questão do encerramento deve ser abordada? Por motivos éticos e legais, atualmente os terapeutas são aconselhados a abordá-la logo no início, avisando aos clientes sobre seus direitos de encerrar o tratamento quando acharem adequado. Além disso, as condições sob as quais o terapeuta pode encerrar o tratamento devem ser discutidas. Em todos os casos em que ele sentir a necessidade de encerrá-lo, é essencial indicar outros profissionais. São muitas as circunstâncias que podem levar o terapeuta e o cliente a considerar tal encerramento.

1. Falta de progresso clínico

Claire era uma alcoolista tão acostumada a enganar a si própria que, mesmo quando comparecia embriagada às sessões de terapia de casal, negava ter problemas com o álcool. Durante essas sessões, ela ficava desconcentrada e hostil.

---

[24] N.T.: Na área da Saúde, o erro de omissão ocorre quando não se consegue executar a ação certa. O erro de comissão, por sua vez, ocorre quando se executa de forma incorreta a ação planejada.

A questão do não beber antes das sessões foi abordada sem resultados. A única saída do terapeuta foi informar que a terapia não estava funcionando e indicar outros profissionais para aconselhamento de casal ou individual.

2. Falta de disposição do cliente para participar do processo terapêutico

Os exemplos incluem ausências ou atrasos constantes e o fato de não tentar realizar as atividades fora das sessões. Um cliente faltava com frequência às sessões, alegando simplesmente que "esquecera". Nada que auxiliasse a memória, tal como usar um *palm pilot*[25] ou pedir a um amigo para lembrá-lo do compromisso foi eficaz. Entre as sessões, ele nunca realizava as tarefas desenvolvidas em conjunto com o terapeuta para a sua compulsão por álcool e por sexo (às vezes, ambas ao mesmo tempo), problemas que afirmava querer desesperadamente resolver. O cliente recebeu, então, indicações de outros terapeutas.

3. Reconhecimento de que o tratamento do paciente requer habilidades que vão além do escopo de formação do terapeuta

Mais dia, menos dia, todos os terapeutas enfrentarão um caso que pode ser até fascinante, mas que está simplesmente além do escopo de sua formação (mesmo aqueles de nós que fazem mais do que os módulos de educação continuada exigidos e leem cuidadosamente a literatura científica). Foi o caso envolvendo uma jovem que passara a frequentar um culto que exigia a esterilização como parte do processo de

---

[25] N.T.: O *palm pilot* é um pequeno computador de mão, também conhecido como assistente pessoal digital (*personal digital assistant* ou *PDA*).

iniciação. Após abandonar o culto, ela sentiu-se extremamente deprimida e culpada. A situação dela, infelizmente, era muito mais complicada do que remover uma tatuagem. De forma adequada, fez-se, então, uma busca por um terapeuta que tivesse experiência na recuperação desse tipo de trauma.

4. Conflitos de interesse

Existem muitos casos em que os conflitos de interesse são óbvios, tais como dar testemunho como especialista em um caso no qual o advogado é um amigo ou um cliente. Entretanto, alguns casos envolvem questões mais sutis. Um deles envolvia um terapeuta cuja esposa pediu que atendesse a uma antiga amiga que se mudara recentemente. O terapeuta reconheceu acertadamente que, neste caso, o tratamento ficaria comprometido pela pressão de mostrar-se especialmente "brilhante" e bem-sucedido não só para o bem da cliente como também de sua esposa.

Como evitar o erro

1. A primeira sessão pode terminar com uma pergunta-síntese, tal como: "Com base no que aconteceu aqui hoje, sou o terapeuta certo para você continuar o seu tratamento?" Isso faz com que o cliente compreenda que ele tem o poder de escolher continuar ou não. Normalmente, os clientes sentem-se fortalecidos com tal pergunta e raramente respondem com o desejo de encerrar o tratamento.
2. O termo de "consentimento livre e esclarecido" deve estipular que, quando uma das partes decidir encerrar a terapia, o cliente será convidado a participar de uma sessão de "encerramento", na qual ele e o terapeuta podem rever a decisão, e o terapeuta faz as indicações clínicas que achar adequadas.

ERRO N° 43
Não seguir os procedimentos adequados de encerramento

Da mesma forma que existem procedimentos adequados para a entrevista inicial, também é necessário adotar uma abordagem sistemática para o processo de encerramento. Ele não está dissociado do processo terapêutico e, portanto, assim como existem protocolos de tratamento, existem protocolos de encerramento. Estes incluem:

1. A discussão sobre o encerramento deve, se possível, ser de natureza colaborativa, assim como toda a terapia. Felizmente, a tomada conjunta de decisões tem sido parte do empenho terapêutico, desde o estabelecimento dos objetivos até as atividades fora da sessão e opções de tratamento. O final da terapia também deve ser um processo no qual ambas as partes apresentam suas perspectivas, levando a um planejamento de comum acordo sobre o seu encerramento.

> Em linhas gerais, Chad resolvera suas dificuldades ao integrar seus filhos adultos de um casamento anterior à sua nova família, na qual a atual esposa resistiu muito a essa integração. Entretanto, Chad continuava a agendar as sessões em que passava a maior parte do tempo "jogando conversa fora". Houve, então, uma discussão em que o terapeuta inicialmente reconheceu que gostava de conversar com ele, mas que não estava claro, naquele momento, qual era o objetivo da terapia. Chad reagiu, dizendo que seria pelos "problemas da vida". Na tentativa de ser um bom behaviorista, o terapeuta prosseguiu, pedindo a ele que fizesse uma lista desses problemas. Chad disse que não eram tão grandes,

mas que surgiam no dia a dia. A partir daí, a discussão avançou para duas conclusões: talvez, esses tipos de problema poderiam ser melhor abordados com a família, os amigos, os pastores etc., e que um intervalo gradual entre as sessões parecia adequado.

2. Quando o encerramento se torna iminente, deve-se reservar um tempo para refletir sobre o que o cliente aprendeu e quais mudanças no contexto atual podem indicar a necessidade de retornar à terapia.
3. Dê ao cliente as informações adequadas em relação ao cuidado continuado. Se o terapeuta entender que as condições para o encerramento unilateral foram atendidas, deve-se fazer recomendações para o cuidado continuado.

Como evitar o erro

1. Avalie regularmente os progressos do cliente. Se ele e o terapeuta sentirem que estão ocorrendo progressos, tais discussões poderão dar esperança de ganhos maiores e poderão reforçar, também, o terapeuta e o cliente. Se o tratamento estiver estagnado, enfrentar o problema possibilita ações corretivas – uma mudança de abordagem, a verificação das rupturas na aliança terapêutica ou a possibilidade de encerramento mútuo.
2. Considere se a interrupção temporária da terapia poderia ser adequada. Para evitar a sensação de abandono, parte dessa "pausa" é agendar com antecedência uma sessão de atualização para avaliar se a terapia é ainda necessária.
3. Consulte um colega conceituado ao decidir se a indicação de outros profissionais é adequada.

> Um terapeuta que sabia como tratar comportamentos comuns nos transtornos do controle de impulso sentiu-se incapacitado para um caso de dependência de pornografia na internet e consultou um colega para saber se deveria ou não indicar outro profissional para cuidar do caso. O colega chamou a atenção para o fato de que ninguém compreendia ainda qual era o melhor protocolo de tratamento e que sua competência certamente qualificava-o como uma boa opção terapêutica, mesmo que tivesse pouca experiência com esse problema de controle de impulso específico.

4. Faça com que o cliente compreenda com clareza as principais questões do encerramento e faça as devidas indicações. Mais uma vez, documente os procedimentos na sessão de encerramento.
5. Faça um acompanhamento para saber se o paciente continuou o tratamento com outro terapeuta. Obtenha uma autorização (ou uma recusa por escrito) para que você possa dar a esse terapeuta informações sobre o tratamento do paciente.

ERRO N° 44
Confundir encerramento com abandono

Parece haver muito medo por parte dos terapeutas em relação ao abandono do paciente. Entretanto, [...] o que constitui o abandono não é a decisão de encerrar o tratamento, mas a forma como o encerramento é abordado [...].

B. Benitez (2004)

Um bom encerramento pode parecer improvável. Entretanto, o final da terapia pode ser colocado para o cliente como uma graduação, e não uma perda. As complicações legais e éticas envolvendo o abandono do cliente podem ser evitadas se as três condições a seguir forem atendidas:

1. Ter um motivo adequado para o encerramento.
2. Discutir detalhadamente os motivos para o encerramento.
3. Dar ao cliente informações relativas ao cuidado continuado.

No caso a seguir, os pré-requisitos para um encerramento ético não foram atendidos, provocando graves consequências para o terapeuta.

> Uma terapeuta com anos de prática bem-sucedida foi encaminhada, pelo conselho, para a supervisão como parte de um processo para reaver sua licença. Ao que tudo indica, um cliente a agredira verbalmente, acusando-a de incompetência, já que o progresso do tratamento foi mínimo. A terapeuta revidou, dizendo: "Bem, se eu sou tão ruim assim, não volte". O cliente, de fato, não voltou. Em vez disso, ele foi ao conselho.

Como evitar o erro

1. Nenhum cliente deve ter o tratamento encerrado quando estiver em meio às crises, tais como aquelas provocadas por um divórcio, trauma e luto. Isso também inclui os clientes que foram hospitalizados ou têm pensamentos suicidas.
2. O encerramento nunca deve ocorrer somente para o bem do terapeuta, como no caso em que a terapia está progredindo, mas o cliente é simplesmente chato,

desagradável ou lento para compreender os conceitos terapêuticos.

3. O encerramento nunca deve ser feito de forma rápida, e se houver qualquer possibilidade de reclamação, finalize-a por meio de uma carta para o cliente e coloque uma cópia no arquivo.
4. Sempre que possível, tente entrar em acordo mútuo sobre quando a terapia deve terminar, possibilitando sessões de acompanhamento periódico, se desejado.

ERRO N° 45
Não se preparar para lidar com o mito da terapia por tempo limitado

> *[...] examinando de perto, o respaldo das pesquisas quanto à delimitação do tempo desaparece, e as evidências das pesquisas atuais mostram que os limites temporais são prejudiciais. A crença de que a pesquisa respalda a delimitação do tempo só sobreviveu porque as evidências nunca foram avaliadas em detalhes.*
>
> I. Miller (1996)

Aqueles que trabalham com convênios enfrentam mais uma dificuldade no tratamento da saúde mental – a terapia por tempo limitado –, quando ela é determinada por uma análise institucional das necessidades de tratamento do paciente. Com frequência, a visão do terapeuta sobre as necessidades de tratamento do cliente está em conflito com a necessidade de lucro dos convênios. Portanto, nas discussões com as operadoras de planos de saúde, é imprescindível que os terapeutas estejam familiarizados com a "ciência" (ou com a falta dela) por trás das supostas vantagens da terapia por tempo limitado (TTL).

Ao que tudo indica, passamos da visão da terapia como um trabalho para toda a vida (síndrome de Woody Allen[26]) para o extremo oposto, no qual o trabalho mais breve é bom e o brevíssimo é melhor ainda. Certamente, as terapias breves foram aplicadas de forma eficaz a várias queixas. Entretanto, quando isso ocorria, os terapeutas determinavam a duração do tratamento. Esse cenário é bem diferente da situação atual, na qual os convênios impõem limites de tempo e desencorajam o tratamento de longa duração.

O que as pesquisas dizem sobre o assunto? Muitos estudos, desde 1956, investigaram a terapia breve e esses estudos foram utilizados pelos convênios para evidenciar a sua eficácia. Entretanto, uma análise mais detalhada de tais estudos, feita por Miller (1996), revela uma surpreendente falta de atenção às variáveis corretas em muitas dessas investigações.

Por exemplo: sete estudos mostraram, de fato, que os pacientes em terapia de curto prazo obtiveram resultados equivalentes ou melhores que os em tratamento de longo prazo. Porém, em nenhum desses estudos, os pacientes foram alocados em tratamentos de diferentes durações; a decisão de encerramento da terapia foi feita pelo terapeuta e/ou pelo paciente. Portanto, o fato de os pacientes em terapia de curto prazo se saírem bem, provavelmente, decorre do fato de eles estarem em melhores condições psíquicas no início, necessitando de menos terapia.

---

[26] N.T.: A síndrome Woody Allen, também conhecida como síndrome da dependência ambiental ou síndrome de Zelig (sobrenome do protagonista vivido por ele no filme "Zelig"), é uma síndrome na qual o indivíduo depende de pistas ambientais para realizar tarefas ou alcançar metas.

Posteriormente, Miller descobriu que aqueles que apoiavam a TTL conseguiram convenientemente ignorar o fato de que mais de 100 estudos encontraram uma correlação positiva entre a duração do tratamento e os resultados positivos do tratamento. Além disso, uma pesquisa da *Consumer Reports* com mais de 3.000 respondentes descobriu que os pacientes cuja duração da terapia foi determinada clinicamente obtiveram melhores resultados em todos os pontos avaliados, incluindo a resolução do problema, a melhora emocional geral e a satisfação do cliente (Seligman, 1995).

Logo, são poucas as evidências que sugerem que a TTL, estipulada a partir da avaliação dos pacientes conduzida por uma agência externa, seja equivalente, que dirá superior ao tempo de terapia clinicamente determinado por um terapeuta. Mesmo assim, a pressão externa continua.

Como evitar o erro

1. Nos casos que pareçam necessitar de mais sessões do que o estabelecido pelo convênio do cliente, discuta esse assunto com ele com antecedência e determine se é possível chegar a uma solução em conjunto. Algumas soluções que os clientes e terapeutas empregaram com sucesso são:
   a. Reduzir o preço da sessão quando o plano de saúde não pode mais cobri-la.
   b. Organizar as sessões a serem reembolsadas de um modo que elas terminem quando o novo ano do plano de saúde começar.
   c. Espaçar as sessões de acordo com o orçamento do cliente e os benefícios do plano de saúde.
2. Explique ao cliente que a operadora de planos de saúde tentará arcar com o mínimo possível e que o terapeuta

tem pouquíssimo poder em tal situação, já que as operadoras não têm nenhum interesse em manter o terapeuta feliz (e nem deveriam). Entretanto, elas de fato têm um incentivo para agradar seus clientes, visto que a sua satisfação pode influenciar na renovação do convênio. Portanto, lembre aos clientes que eles têm muito mais poder que seus terapeutas para obter maior suporte das operadoras de planos de saúde.

XII. Como o terapeuta pode chegar ao esgotamento físico e mental

Embora todos nós passemos por situações de sofrimento de formas diferentes, a literatura sugere que a depressão moderada, a ansiedade leve, o esgotamento emocional e os relacionamentos rompidos são resquícios comuns de nossa imersão no mundo interior das pessoas que estão sofrendo e das que causam sofrimento.

J. L. Brady; F. L. Healy; J. C. Norcross; J. D. Guy (1995)

Ser terapeuta significa, sobretudo, dar. A profissão requer dar atenção total e plena aos pacientes, proporcionando muito apoio e encorajamento, além de demonstrar paciência ilimitada e aceitação incondicional. A exigência de que os terapeutas "estejam à disposição dos pacientes" pode ser gratificante, mas também acarreta prejuízos emocionais. Não é à toa que muitos pacientes sentem falta de apoio emocional de seus terapeutas. Quando os terapeutas estão "emocionalmente esgotados", a capacidade de dar fica seriamente comprometida.

Uma consequência grave da falta de autocuidado do terapeuta é o esgotamento físico e mental[27]. Maslach (1981)

---

[27] N.T.: O esgotamento físico e mental também é conhecido na língua portuguesa como *burnout*.

descreveu o esgotamento físico e mental como uma síndrome que pode levar a sentimentos de baixa realização pessoal, exaustão emocional e despersonalização, uma condição na qual o terapeuta desenvolve atitudes negativas e cínicas em relação aos clientes e ao trabalho clínico. Os terapeutas que desenvolvem o esgotamento físico e mental têm grandes probabilidades de abandonar a profissão. Portanto, a falta de autocuidado pode afetar todos os aspectos da vida pessoal e profissional do terapeuta.

> A Dra. Julie especializara-se na área de casos envolvendo o seguro empresarial[28]. Grande parte da sua carga de trabalho era ser "testemunha técnica" em casos particularmente contestados. Sua agenda tornou-se um pesadelo, pois estava sempre conciliando a imprevisibilidade das audiências, dos depoimentos e dos serviços diretos prestados aos clientes. Além disso, ela tornou-se cada vez mais cínica. Começou a olhar os clientes como prováveis trapaceiros, os advogados como "aproveitadores" cruéis e os juízes como egomaníacos irracionais. Ela estava mais hiper-reativa e deprimida, esquivando-se das atividades sociais e de lazer. Por fim, o que chamou a sua atenção foi uma reclamação prestada junto ao conselho por vários advogados a quem ela ofendera. Então, ela percebeu que estava "sobrecarregada" e buscou tratamento.

[28] N.T.: Nos Estados Unidos, o seguro empresarial, também conhecido como *workers' compensation*, é pago pela empresa ao funcionário, auxiliando-o em caso de lesão ou doença relacionada ao trabalho. Além disso, esse seguro cobre perdas salariais e despesas médicas, bem como compensa os dependentes daquele funcionário que pode vir a falecer em decorrência do trabalho.

ERRO Nº 46
Não monitorar o próprio bem-estar

Um dos primeiros instrumentos de avaliação utilizados pelos terapeutas para ajudar os clientes a determinar as fontes, a frequência e os tipos de estresse que estão experienciando é o automonitoramento. O que é bom para os clientes também é bom para os seus terapeutas. É claro que os clientes muitas vezes reclamam que não têm tempo para registrar seus níveis de estresse, e os terapeutas com excesso de trabalho também podem usar a mesma desculpa. Na verdade, se você está ocupado demais para fazer o automonitoramento, isso, por si só, é um sinal claro de que você provavelmente já está sobrecarregado.

O automonitoramento é um bom passo inicial, mas é possível agregar ainda mais informações precisas com amigos, parentes ou colegas de trabalho confiáveis. Os terapeutas que trabalham em parceira muitas vezes se reúnem para discutir os casos, e essa é uma boa oportunidade para perguntarem uns aos outros como estão em termos físicos e emocionais. Pode-se optar também pelo *feedback* dos cônjuges, dos amigos e até dos filhos, já que, em geral, eles são os observadores mais aguçados das mudanças nos níveis de humor ou de disposição física. Às vezes, as informações que eles fornecem não são exatamente as que gostaríamos de ouvir, e elas não costumam ser apresentadas com a mesma sensibilidade de um terapeuta. Mesmo assim, aqueles que nos conhecem melhor são os mais indicados para nos ajudar a detectar um problema antes que ele assuma proporções maiores.

Como evitar o erro

1. Administre um instrumento de autoavaliação, tal como o *Inventário de Burnout de Maslach*[29] (MASLACH, 1981). Esse instrumento identifica três componentes-chave do esgotamento físico e mental. A subescala de Exaustão Emocional descreve até que ponto os terapeutas não conseguem mais se doar devido ao esgotamento emocional. A subescala de Despersonalização diz respeito ao desenvolvimento de sentimentos e atitudes negativas e cínicas em relação aos clientes e ao trabalho clínico. Por fim, a subescala de Realização Pessoal diz respeito a sentimentos de competência e sucesso ao trabalhar com os clientes.
2. Participe ou crie um grupo de supervisão para terapeutas. Esses grupos podem ser formados a partir do trabalho já realizado em parceria com outros profissionais ou por meio da sua rede de contatos com sua entidade de classe local (por exemplo: psicólogos, terapeutas de casal ou de família, assistentes sociais clínicos).
3. Fique atento aos seguintes sinais ou causas de sobrecarga:
   a. Consultas sempre com os mesmos tipos de clientes.
   b. Crescente irritabilidade com os clientes.
   c. Redução do interesse na profissão, por exemplo: leitura de revistas científicas, participação em conferências.

[29] N.T.: No Brasil, o *Inventário de Burnout de Maslach*, também conhecido como *Maslach Burnout Inventory* (*MBI*), não foi avaliado pelo Sistema de Avaliação de Testes Psicológicos (SATEPSI) do Conselho Federal de Psicologia (CFP).

d. Adiamento cada vez maior para retornar as ligações dos clientes ou preencher os relatórios.
e. Agendamento consecutivo de sessões, sem intervalos.

ERRO N° 47
Não equilibrar trabalho e lazer

Quanto trabalho pode ser considerado muito trabalho? Esta é uma questão em que você deve confiar nos seus instintos. No estudo de Maslach, anteriormente citado, o esgotamento físico e mental está diretamente relacionado à atitude do terapeuta em relação ao número de clientes que ele atende. Então, se o número parecer excessivo, provavelmente é isso mesmo. É claro que uma coisa é dizer: "Realmente preciso diminuir minha carga de trabalho". Outra bem diferente é fazer, de fato, algo a respeito. A razão disso é que, após passar anos construindo uma ampla e consistente carteira de clientes, reduzi-la parecerá um padrão comportamental totalmente estranho. Além disso, é difícil recusar o atendimento de clientes indicados por colegas e ex-clientes por temor de que essas fontes sequem com o tempo se você recusar as indicações.

Como evitar o erro

1. Aumente seu quociente "D e L" (descanso e lazer). Se há uma área em que Oriente e Ocidente se confundem é na infinidade de técnicas que agora estão amplamente disponíveis para nos ajudar a relaxar. As mais conhecidas são as várias escolas de meditação, ioga e *tai chi*. É claro que o simples relaxamento muscular, o trabalho com imagens e o *biofeedback* podem

ser igualmente eficazes, mas carecem dos aspectos exóticos, sociais e espirituais que tornam as abordagens orientais tão atraentes.

2. Evite o lazer muito competitivo. Embora existam inúmeras oportunidades de lazer, é importante evitar a tendência que muitos indivíduos bem-sucedidos têm de adotar uma atividade que se torne mais uma área na qual possam competir e se destacar. Portanto, praticar ioga, participar de uma equipe mista de *softbol*[30] ou ir a expedições com o *Sierra Club*[31] para observar pássaros são, talvez, atividades mais indicadas do que a participação em torneios ou ligas esportivas altamente competitivas.

ERRO N° 48
Ignorar a "zona de conforto" do ambiente

Pare um minuto e dê uma olhada ao redor do seu espaço de trabalho. Ele foi projetado pelo Exército da Salvação[32]? Os seres humanos são criaturas altamente visuais e a estética do ambiente de trabalho pode contribuir para a

---

[30] N.T.: O *softbol* é um esporte semelhante ao beisebol.

[31] N.T.: O *Sierra Club* foi a primeira organização não governamental a dedicar-se à proteção do meio ambiente. Ela foi fundada em 1892, nos Estados Unidos.

[32] N.T.: Provavelmente, os autores fazem aqui uma referência à nova sede internacional do Exército da Salvação (ou *Salvation Army*, em inglês) inaugurada em Londres, em 2004. O prédio foi projetado seguindo o conceito de ser moderno no *design*, simples no funcionamento e evangélico no propósito. Em tempo, o Exército da Salvação é uma organização cristã internacional, fundada em 1865, cuja missão é pregar o Evangelho e atender às mais diferentes necessidades humanas sem discriminação.

nossa sensação de bem-estar (e dos nossos clientes também). O objetivo deve ser criar um ambiente no qual o cliente e o terapeuta sintam-se em casa: móveis confortáveis, uma garrafa de café, quadros interessantes nas paredes. Nosso local de trabalho fala muito sobre a nossa personalidade e, silenciosamente, os clientes captam sinais sutis sobre quem somos. Um espaço limpo, organizado e aconchegante para o cliente é um reflexo do terapeuta que ali trabalha.

Como evitar o erro

1. Lembre-se de que muitos clientes são extremamente sensíveis ao ambiente. Como disse um cliente: "Quando minha mente está confusa, a última coisa que quero é estar em um ambiente bagunçado".
2. Se seu senso estético for um pouco "ruim", faça como os terapeutas quando estão com um caso difícil: "consulte" um profissional capaz de criar um ambiente de trabalho confortável. Vários programas de televisão sobre decoração mostram que o bom gosto não tem que custar uma fortuna e que os benefícios para os olhos e o espírito não têm preço.

ERRO N° 49
Superespecializar-se

As vidas das outras pessoas, suas esperanças, suas ideias, seus objetivos, suas aspirações, suas dores, seus medos, seu desespero, sua raiva, tudo está em foco [...] fora do microscópio iluminado, perdemos de vista as nossas próprias necessidades.

C. Rogers (1995)

Há algumas décadas, a maioria dos terapeutas era generalista, atendendo clientes com uma ampla gama de queixas. Hoje, existem cada vez mais áreas de especialização, como transtornos alimentares, violência doméstica, guarda de crianças, abuso e transtornos sexuais, só para citar algumas. Em geral, aqueles que trabalham nessas áreas atendem clientes somente dentro de sua especialidade. Por um lado, especializar-se ajuda a construir uma prática e a encontrar um nicho terapêutico. Por outro, a falta de novidades e desafios pode levar a um risco cada vez maior de esgotamento físico e mental.

Como evitar o erro

1. Varie seu foco clínico. Um terapeuta que lida exclusivamente com avaliações de guarda de crianças pode ser voluntário em uma clínica de atendimento gratuito para evitar a superespecialização. Outra forma de variar a prática clínica é ser o orientador de um estagiário ou de um estudante de pós-doutorado.
2. A melhor maneira de se reciclar é acrescentar diversidade às suas atividades profissionais. Isso pode ser feito por meio da elaboração e do ensino em palestras de educação continuada, do envolvimento em organizações profissionais, da participação em pesquisas ou, talvez, há um livro dentro de você esperando para ser publicado.

Com todos os desafios enfrentados pelos terapeutas nos dias de hoje, é importante ter em mente que a maioria está muito satisfeita com seu trabalho e faria tudo novamente se tivesse a chance. Curiosamente, comparados aos pesquisadores, os terapeutas estão mais satisfeitos com suas vidas e mais propensos a sentir que seu trabalho exerceu influência positiva sobre eles. Outros estudos mostram que os terapeutas sentem que seu trabalho fez com que se tornassem pessoas melhores, mais sábias e mais conscientes, além de aumentar a sua capacidade de aproveitar a vida (Radeke e Mahoney, 2000). Portanto, enquanto lutamos com as exigências da carreira que escolhemos, nunca devemos perder de vista os enormes benefícios e privilégios que acompanham a participação no trabalho terapêutico.

XIII. Como não trabalhar com as crianças

O problema do encerramento precoce – abandonar a terapia antes mesmo que os objetivos do tratamento sejam atingidos – é ainda mais comum na terapia para crianças do que na terapia para adultos. Alguns estudos apresentam taxas elevadas de até 60% a 70% (Wierzbicki e Pekarik, 1993). Obviamente, os clientes abandonam a terapia por muitas razões, por exemplo: recursos financeiros, mudança de residência ou conflito parental sobre o valor da terapia. Entretanto, há também uma série de comportamentos do terapeuta que são altamente preditivos de encerramento precoce. Evitar os erros de omissão e de comissão[33] implica em ter consciência da natureza especial das crianças, reconhecendo que elas não são apenas pequenas versões de adultos. Cada período do desenvolvimento – pré-operatório, operatório concreto e operatório formal – representa um estágio diferente de maturidade cognitiva, social e emocional. Você deve levar em consideração esses estágios para alcançar resultados terapêuticos positivos. Esta é uma tarefa complicada e, portanto, aqueles que trabalham com as crianças de

---

[33] N.T.: Na área da Saúde, o erro de omissão ocorre quando não se consegue executar a ação correta. O erro de comissão, por sua vez, ocorre quando se executa de forma incorreta a ação planejada.

maneira eficaz valem seu peso em ouro, embora raramente recebam o ouro que valem.

ERRO N° 50
Esquecer de incluir "a aldeia" na terapia infantil

Os pais são os principais responsáveis por seus filhos e filhas: alimentá-los, acalentá-los, ensiná-los a andar de bicicleta, estimular seus talentos e tomar inúmeras decisões que determinam o potencial que podem alcançar.

H. Clinton (1996)

O conceito de que é preciso uma aldeia inteira para educar uma criança[34] não é apenas um vestígio romântico e fantasioso de uma época passada na qual as crianças faziam parte de famílias extensas, iam às escolas próximas, frequentavam o templo local e brincavam nos centros da juventude[35] do bairro. A ideia de que a comunidade é responsável pelas crianças transcende o tempo e o espaço e pode afetar a forma como nós, terapeutas, vemos o nosso trabalho com elas. Para que a terapia com os jovens seja eficaz, é necessário reconhecer que a nossa concepção de "paciente identificado" deve incluir os pais, professores e recursos da comunidade – as verdadeiras bases de sustentação na vida de uma criança. Qualquer tentativa válida de melhorar a vida de uma criança

---

[34] N.T.: Provérbio africano.

[35] N.T.: Nos Estados Unidos da América, os centros da juventude são espaços de convivência onde os jovens podem se encontrar e participar de atividades esportivas, educativas, culturais ou religiosas supervisionadas.

deve incluir esses "parceiros" no processo. Nosso papel é transpor os muros da clínica, a fim de fornecer ferramentas e *insights* para aqueles que interagem com as crianças 24 horas por dia, 7 dias por semana.

Comecemos pelos pais. Quando eles levam a criança para a terapia, este não é o dia de maior orgulho de suas vidas. É admitir, até certo ponto, que há algo de errado com ela ou que há algo de errado com suas habilidades parentais. Isso pode se manifestar de várias maneiras. Para alguns, há um excesso de culpa que pode ser expresso por: "Sei que eu o mimei"; "Fui muito rigoroso com ela"; "Deveria ter ficado casado pelo bem da criança". Outros pais tornam-se extremamente defensivos, culpando o professor, a cultura ou o cônjuge pelas dificuldades da criança.

Ser capaz de atender os pais de forma eficiente requer muito tato e empatia. Quando os pais não se sentem compreendidos ou respeitados, quando sentem que estão sendo culpados ou menosprezados, muitas vezes partem para o contra-ataque. Por exemplo: eles podem perguntar sobre as experiências parentais do próprio terapeuta ou sobre a falta delas. "Você não entenderia porque você não tem filhos" é uma das afirmações mais temidas que os terapeutas de pouca idade têm de enfrentar. Essas e outras reações semelhantes sugerem que o terapeuta precisa fazer alguns ajustes e demonstrar compreensão das dificuldades e dos desafios emocionais de criar filhos.

Para que a terapia com as crianças seja eficaz, devemos fazer uma aliança não apenas com elas, mas também com os pais. Podemos elaborar inúmeros tipos de intervenção criativa, mas se não conseguirmos que os pais deem continuidade a essas intervenções em casa, estamos fadados ao fracasso. Podemos ajudar as crianças a lidar com suas emoções de forma mais adequada, mas se os pais não reconhecerem e reforçarem essas mudanças, elas terão vida curta. Podemos oferecer um lugar seguro para elas se expressarem, mas se as famílias estiverem em crise, suas vidas não melhorarão. Na verdade, o que começa como terapia para a criança pode muitas vezes evoluir para a terapia individual do pai/da mãe.

> A professora de Gabriel o encaminhou para a psicóloga escolar, a fim de que fosse feita inicialmente uma avaliação educacional[36]. Ele tinha dificuldade para se concentrar na aula e não finalizava suas lições de casa. A professora também disse que Gabriel parecia apático e triste em boa parte do tempo. A psicóloga examinou os registros de Gabriel e descobriu que ele, de fato, se destacara na segunda série, mas, desde então, suas notas caíram ininterruptamente. A conversa com a mãe de Gabriel, a Sra. Alvarez, revelou que ela e o pai do menino se separaram há dois anos e que o divórcio fora litigioso. No início, a psicóloga pensou que talvez a ausência do pai estivesse afetando o desempenho acadêmico e as emoções de Gabriel, mas sua mãe afirmou que ele se adaptara muito bem à situação e, na verdade, via seu pai todos os dias depois da escola. Diante disso, a psicóloga perguntou com muito cuidado à Sra. Alvarez como ela estava se adaptando ao divórcio. "Da pior forma possível" foi sua resposta, desatando a chorar. À medida que conversavam sobre o assunto, ficou claro que Gabriel estava absorvendo a tristeza da Sra. Alvarez, e essa era a causa de sua apatia e distração na escola. Neste caso, portanto, antes de mais nada, era necessária uma terapia individual para a mãe de Gabriel. Como um *rapport* positivo

[36] N.T.: Nos Estados Unidos da América, essa avaliação mede o nível de habilidade acadêmica de uma criança em diferentes áreas, tais como linguagem oral, leitura, escrita, matemática etc.

> fora construído com a Sra. Alvarez, ela conseguiu aceitar a avaliação da terapeuta sobre o problema e foi receptiva à ideia de fazer terapia.

Trabalhar com os pais pode aparentemente exigir muito tempo e esforço, mas há ainda outros indivíduos que talvez precisemos trazer para o cenário terapêutico. Os professores passam mais tempo com a criança do que todos os outros adultos juntos e podem impactar consideravelmente a vida dela. Muitas vezes, eles são os primeiros a notar sinais de problemas: hiperatividade, distúrbios atencionais, timidez excessiva, agressividade etc.

Os professores são duplamente importantes. Em primeiro lugar, eles veem a criança em um contexto diferente do que os pais e, portanto, podem oferecer uma perspectiva mais ampla sobre o funcionamento dela em termos sociais, comportamentais e acadêmicos. Em segundo lugar, os professores podem ajudar de várias maneiras a reforçar os objetivos da terapia. Assim como os pais, eles podem ser alertados sobre as mudanças que a criança está tentando fazer, bem como ser encorajados pelos terapeutas a observar essas mudanças e comunicar suas observações à criança, aos pais e, até mesmo, à classe. Trabalhar com os professores é uma das melhores maneiras de ajudar as crianças com os objetivos da terapia e, na maioria das vezes, eles estão mais do que dispostos a ajudar os terapeutas, fornecendo informações gerais e apoio contínuo.

Como evitar o erro

1. Reconheça que, enquanto cultivamos o relacionamento com a criança, devemos também cultivar o relacionamento com as pessoas que são importantes para ela. Não podemos simplesmente tolerar os pais;

devemos admirá-los pelo que fizeram bem e expressar essa admiração, além de fazer parceria com eles para facilitar a mudança, sem ditar o que devem fazer. Ao longo dos anos, conhecemos muitos terapeutas que preferem trabalhar com as crianças a trabalhar com os adultos. Eles gostam da energia, da jovialidade e da criatividade que os jovens geralmente irradiam, bem como têm uma sensibilidade especial para os seus conflitos à medida que passam de um estágio de desenvolvimento para outro. Porém, em alguns casos, eles podem achar que quanto menos contato com os "adultos" melhor, exceto no que diz respeito ao fato de eles pagarem as contas. Para esses terapeutas, pode ser uma surpresa desagradável perceber que, sem a cooperação dos pais e professores no processo terapêutico, uma mudança significativa e duradoura é improvável.

2. Dicas para trabalhar com os professores:
    a. Evite desencontros ao pedir à recepcionista da escola que marque uma reunião por telefone com a professora da criança.
    b. Antes da reunião, envie, por fax, um termo de compartilhamento de dados à escola.
    c. Envie à professora, por fax ou *e-mail*, uma lista de verificação das características comportamentais e emocionais infantis que possa ajudar no processo de avaliação.
    d. Valorize os esforços que a professora fez até agora para lidar com as dificuldades da criança.
    e. Acompanhe os professores e disponibilize intervenções específicas que possam administrar facilmente em sala de aula. A maioria dos professores está

bastante disposta a implementar as recomendações de um terapeuta se forem relativamente fáceis de serem seguidas e se não atrapalharem a rotina da aula. Sempre enviamos uma descrição detalhada da intervenção e, depois, fazemos um acompanhamento por uma ou duas semanas para avaliar sua eficácia.

Os professores irão lembrá-lo de que eles têm mais 20 a 30 alunos. Por isso, a regra para as intervenções em sala de aula é quanto mais simples, melhor. Um recurso maravilhoso para intervenções comportamentais breves e eficazes pode ser encontrado no *site* <www.interventioncentral.com>.

ERRO N° 51
Acreditar que, no processo de planejamento do tratamento, "devemos atender as crianças sem as escutar"

Enquanto alguns terapeutas ignoram "a aldeia" ao tratar crianças, isto é, seus pais, professores e conselheiros[37] escolares, outros ignoram o alvo de toda essa atenção: a criança. É claro que os terapeutas não relegam as crianças nas sessões de terapia. Entretanto, muitas vezes, as deixamos de fora de um dos aspectos mais importantes do processo terapêutico: a definição dos objetivos de tratamento. Com muita frequência, os terapeutas dizem simplesmente

[37] N.T.: Nos Estados Unidos da América e na Europa, o conselheiro (*counselor*, em inglês) é um profissional altamente qualificado que auxilia os indivíduos em diferentes âmbitos da vida (emocional, educacional, familiar, profissional etc.).

à criança quais serão os objetivos da terapia: "Seus pais estão frustrados ao tentar fazer com que você cumpra suas tarefas domésticas e vá para a cama na hora certa"; "Seu professor está preocupado com o fato de você não finalizar as lições de casa".

Em geral, após uma breve discussão sobre essas questões, pegamos nossa "caixa de ferramentas" munida de técnicas de mudança de comportamento, tiramos um quadro de registro dos comportamentos e um contrato comportamental[38], incluímos uma série de "reforçadores" e pronto, a terapia está bem encaminhada. Há apenas um problema: como dissemos anteriormente, a pesquisa mostra que cerca de 50% das crianças não permanecem na terapia por tempo suficiente para atingir esses objetivos. O que muitas vezes dá errado é que o terapeuta considera a terapia como algo que você faz *para* as crianças, em vez de algo que você faz *com* elas.

Isso pode ser particularmente verdadeiro para os casos de abuso infantil, luto e divórcio. Todos nós estudamos esses assuntos a fundo, primeiro na graduação e, depois, em *workshops*, seminários e congressos. Devido ao nosso conhecimento especializado sobre essas situações, estamos "armados" com uma infinidade de técnicas e protocolos, prontos para implementá-los. Essa preparação é, de fato, indispensável quando se trabalha com questões complexas do desenvolvimento, mas também é indispensável permitir que as crianças deem sua opinião para determinar o curso do seu

[38] N.T.: O contrato comportamental ou de contingência é uma técnica de modificação do comportamento baseada na teoria do condicionamento operante de B. F. Skinner. Essa técnica consiste em fazer um documento por escrito no qual as partes envolvidas definem, por exemplo, direitos e deveres, bem como comportamentos-alvo, recompensas e punições.

próprio tratamento. Porém, muitas vezes, vamos direto para as modalidades de tratamento padrão destinadas ao trabalho com o luto, à adaptação ao divórcio ou à recuperação de trauma, sem obter primeiro o "consentimento informado" da criança para focar esses objetivos.

Para envolver a criança na elaboração dos objetivos de tratamento, pode-se fazer perguntas simples e diretas, como: "O que você gostaria que fosse diferente na sua vida?"; "Se eu tivesse uma varinha mágica, o que você mudaria na sua vida?"; ou "Se você tivesse três desejos, quais seriam?" Perguntar às crianças o que elas gostariam que fosse diferente em suas vidas é uma maneira de dizer que suas opiniões e ideias importam, e não apenas as dos adultos em suas vidas. Mais importante ainda, os objetivos especificados pelas crianças podem muitas vezes ser integrados aos objetivos que seus pais têm para elas e são, portanto, um ponto de partida para o processo terapêutico.

> Luke reclamara que seus pais pegavam no seu pé o tempo todo por causa da lição de casa. Da mesma forma, os pais reclamaram que odiavam ter que pegar no pé de Luke o tempo todo para ele fazer a lição de casa. O terapeuta concentrou-se primeiro no objetivo de Luke, oferecendo-se para ajudá-lo de modo que seus pais não pegassem mais no seu pé. Para isso, o terapeuta fez um contrato comportamental entre os pais e a criança, no qual os pais de Luke não iriam mais monitorar suas lições de casa diariamente, desde que os professores comunicassem semanalmente por escrito que ele estava em dia com elas. Esse plano matou dois coelhos com uma cajadada só, permitindo que cada parte alcançasse os objetivos estabelecidos: os pais de Luke não precisavam mais ficar cobrando, e Luke não precisava mais ser cobrado.

Como evitar o erro

1. Esteja preparado para o "não sei" ao pedir às crianças que descrevam o que elas gostariam que fosse diferente em suas vidas. Reconheça que, embora as crianças não consigam (ou queiram) expressar objetivos específicos para a terapia, o fato de serem solicitadas a fazê-lo demonstra que o terapeuta está interessado em seu ponto de vista, e não está cumprindo simplesmente as ordens dos pais ou professores. Isso aumenta as chances de desenvolver uma aliança terapêutica positiva entre a criança e o terapeuta, o que, por sua vez, pode reduzir a resistência à terapia e à mudança de comportamento da criança.
2. Fale sobre "o elefante na sala[39]". Há um velho ditado que diz que "todo começo é difícil", e isso é particularmente verdadeiro quando se trabalha com as crianças. A maneira mais eficaz de quebrar o gelo é reconhecer de imediato o fato de que a criança provavelmente está ansiosa e/ou ressentida por vir à terapia. Um terapeuta que treinou milhares de estagiários para trabalhar com as crianças nas escolas aconselha dizer algo apaziguador como: "Deixe-me adivinhar. Vir aqui para me ver era a coisa que você mais queria fazer hoje" (Capaldi[40], 2008). Entrar em sintonia com as emoções de uma criança, tratando como natural o fato de que conversar com um estranho é uma experiência desconfortável, passa a mensagem de que o terapeuta é

[39] N.T.: Nas línguas inglesa e portuguesa, essa expressão idiomática se refere a um assunto difícil e óbvio sobre o qual ninguém quer falar.

[40] N.T.: Segundo os autores, essa citação faz parte de uma comunicação pessoal de F. Capaldi.

um indivíduo compreensivo, alguém que se preocupa com o bem-estar das crianças, e não apenas mais um adulto tentando controlá-las.

3. Faça com que as crianças "comprem" a ideia da terapia. As crianças, assim como todos nós, estão bastante focadas em si mesmas, como em: "O que eu ganho com isso?" Portanto, logo no início, é indispensável descrever brevemente a terapia como um lugar onde as coisas boas acontecem; um lugar onde as pessoas vêm, não porque há algo de errado com elas, mas porque as coisas poderiam ser melhores em suas vidas, elas poderiam ser mais felizes ou se relacionar melhor com os outros.

ERRO N° 52
Falar excessivamente na terapia

Muitas crianças acham o processo de terapia chato. Na melhor das hipóteses, elas acham cansativo nosso interesse em melhorar as coisas, falar sobre problemas e ter reuniões intermináveis.

M. Straus (1999)

Trabalhamos como terapeutas há algumas décadas e ainda não vimos uma criança que chegasse à primeira sessão extremamente entusiasmada, animada para ver como a terapia poderia ser útil. Houve ocasiões em que, de fato, elas protestaram, recusando-se veementemente a sair do carro da família e entrar na clínica. Muitas acham que há algo de errado com as pessoas que precisam de terapia. Na verdade, não é incomum que um jovem cliente afirme categoricamente ao entrar pela primeira vez no consultório: "Não preciso estar aqui; não sou louco". Além disso, as crianças muitas vezes veem a terapia como mais uma tentativa de fazê-las se comportar de maneira adequada. Portanto, elas veem a conversa com um terapeuta como algo equivalente a cooperar com o inimigo; algo a ser evitado a todo custo.

Os terapeutas que trabalham de maneira eficaz com as crianças reconhecem instintivamente que os métodos de terapia tradicionais podem não dar resultado. As crianças não ficam sentadas calmamente, tomando chá, e falam sobre os conflitos em suas vidas. Falar demais e não fazer o suficiente resultará em crianças entediadas que se tornam cada vez mais inquietas durante as sessões e que, posteriormente, poderão se juntar às longas fileiras de desistentes da terapia infantil.

Para manter as crianças em terapia por tempo suficiente de modo que possamos ajudá-las, precisamos olhar o mundo por meio de seus olhos e envolvê-las em atividades que sejam adequadas para elas. As crianças aprendem melhor quando o maior número possível de racionalizações é utilizado. Isso significa usar: tabelas, gráficos e diagramas para ilustrar os comportamentos e suas consequências; *role-plays* para fazê-las interpretar novas maneiras de se comportar; e imagens mentais para praticar novas maneiras de responder. Além de trabalhar com a "criança por inteiro", as melhores intervenções se baseiam na sua atração natural por histórias e jogos.

Como evitar o erro

A seguir, há alguns exemplos de técnicas não psicológicas que consideramos particularmente eficazes.

Crianças do Ensino Fundamental I e II

1. **Rotas de Fuga** (Hobday; Oilier, 2005): Esta é uma técnica fácil e eficaz para ensinar a resolver problemas cognitivos que envolve desenhar um fluxograma simples em um grande pedaço de papel ou lousa branca. Primeiro, o terapeuta escreve o evento que desencadeou o comportamento negativo em um quadro. Em seguida, ele escreve a resposta da criança ao evento. O fluxograma se expande até que todas as consequências da resposta da criança sejam detalhadas. Por exemplo: digamos que uma criança sofra provocações por causa do seu peso. Isso faz com que ela fique com raiva, o que a leva a empurrar a criança agressora e, consequentemente, ambas ficam, por um tempo, na sala do diretor.

Fluxograma A

SOFRE PROVOCAÇÕES POR CAUSA DO PESO → FICA COM RAIVA → EMPURRA O JASON → VAI PARA A SALA DO DIRETOR → FICA DE CASTIGO NO FIM DE SEMANA

Depois de desenhar essa sequência de eventos como um fluxograma, o terapeuta faz um *brainstorming* com a criança sobre as possíveis respostas alternativas à provocação. Então, logo abaixo do primeiro fluxograma, o terapeuta constrói um segundo que ilustra as prováveis consequências de lidar com a situação de uma forma mais positiva. Por exemplo: dizer à outra criança que "ninguém é perfeito" e ir embora.

Fluxograma B

SOFRE PROVOCAÇÕES POR CAUSA DO PESO → FICA COM RAIVA → DIZ "NINGUÉM É PERFEITO" → EVITA A SALA DO DIRETOR → TEM A OPORTUNIDADE DE BRINCAR COM OS AMIGOS NO FIM DE SEMANA → A MÃE NÃO FICA CHATEADA

A atividade "Rotas de Fuga" é baseada em um programa psicoeducacional conhecido como Resolução de Problemas Cognitivos Interpessoais. Ele foi desenvolvido por George Spivack e Myrna Shure e, há 25 anos, tem se mostrado eficaz para as crianças da segunda série ao ensino médio em escolas de todo o país.

2. **Cobras e Escadas**: Este jogo, que reforça a mudança de comportamento positiva, é baseado no conhecido jogo *Chutes and Ladders*[41]. Nesta atividade, desenha-se um tabuleiro de xadrez em uma cartolina, além de duas cobras e duas escadas posicionadas diagonalmente sobre ele. As cobras e escadas devem cobrir pelo menos três quadrados do tabuleiro. Acima da cabeça da cobra, escreve-se um comportamento-problema. Os exemplos podem incluir o seguinte: "Responder ao professor de forma ríspida" ou "Esquecer de finalizar a lição de casa". Abaixo de cada escada, escrevem-se os comportamentos alternativos positivos, tais como:

[41] N.T.: Jogo de tabuleiro cujo objetivo é percorrer as casas de 1 a 100 a partir do lançamento de um dado. As casas contendo escadas (*ladders*, em inglês) ajudam a avançar no jogo, ao passo que as contendo escorredores (*chutes*, em inglês) fazem com que os jogadores retrocedam nele. Historicamente, esse jogo era usado para ensinar valores morais às crianças. Nesse sentido, as escadas eram representativas das virtudes e os escorredores dos vícios.

"Tarefa de matemática concluída" ou "Respondi educadamente ao professor".

O jogo começa com a criança lançando o dado e percorrendo o número apropriado de casas. Se ela cair na cabeça de uma cobra, desliza até a cauda; um simples lembrete das consequências do comportamento negativo. Se ela cair no pé de uma escada, avança até o degrau mais alto, ilustrando como um comportamento positivo pode ajudá-la a progredir. O terapeuta e a criança alternam o lançamento do dado, e a primeira pessoa a chegar ao final do tabuleiro é o vencedor.

3. ***Storytelling*[42] colaborativo**: O objetivo desta intervenção é mostrar, por meio de uma história, como a mudança do pensamento ou comportamento negativo pode levar a um resultado mais positivo para a criança. O terapeuta inicia a história e pede à criança que contribua para a narrativa. Por exemplo: ao abordar o comportamento agressivo de uma criança, o terapeuta começa dizendo: "Era uma vez um menino que ficou muito zangado quando..." Nesse momento, a criança completa a frase com algo que aconteceu recentemente: "... as outras crianças não passavam a bola para ele durante uma partida de basquete". O terapeuta e a criança, então, continuam:

   Terapeuta: O menino ficou muito frustrado e, então, tomou a bola e jogou em uma criança...

   Criança: ... e as outras crianças correram e chamaram a professora.

[42] N.T.: Também conhecido na língua portuguesa como contação de histórias.

Terapeuta: A professora mandou o menino ficar sentado no banco o resto do recreio e...

Criança: ... o menino queria que as outras crianças jogassem de forma mais justa.

Terapeuta: No dia seguinte, elas estavam jogando bola de novo...

Criança: ... e ele pediu gentilmente que lhe passassem a bola. Mas as crianças ainda não lhe passavam a bola, porque diziam que ele sempre ficava com ela o tempo todo.

Terapeuta: Mas em vez de pegar a bola, desta vez, o menino disse...

Criança: ... eu realmente gostaria que vocês me passassem a bola uma vez. Passem a bola para mim e eu vou passá-la de volta.

Terapeuta: E ele pegou a bola e, em vez de jogá-la na cesta como sempre fazia, ele passou a bola de volta para seu companheiro de equipe e...

Criança: ... eles não brigaram.

Adolescentes

1. **Terapia narrativa**: Esta abordagem é particularmente eficaz com adolescentes porque explora a identidade pessoal, um estágio de desenvolvimento descrito por Erik Erikson, no qual os adolescentes formulam um senso de quem são, de onde vieram e para onde poderão ir. Ao empregar uma abordagem narrativa, o terapeuta se concentra nos "dois eus" do cliente. Esses "eus" são identificados como a "história problemática" e a "história alternativa".

    A "história problemática" de Érica envolvia comer compulsivamente e expurgar o que havia ingerido

> sempre que se sentia rejeitada por um garoto do qual gostava. Ela achava que se fosse um pouco mais magra, seria mais atraente. Ela deu à sua "história problemática" o título de "Magra e Desprezível". A "história alternativa" de Érica era que ela às vezes conseguia resistir ao "Magra e Desprezível" quando fazia um gesto de autocuidado, tal como ligar para uma amiga ou dar um passeio.

Ao dar um nome ao problema, a terapia narrativa permitiu que o terapeuta e a cliente externalizassem-no de modo que ela não fosse vista como o problema; a "história" é o problema. Isso não reduz apenas o sentimento de culpa da cliente, como também ajuda a enfraquecer a resistência ao processo terapêutico.

2. **Criatividade**: Trabalhar com as crianças e os jovens certamente tem seus desafios, mas também oferece a possibilidade de usar nossa criatividade para elaborar formas de tratamento não tradicionais. O uso da "*Family Helper Machine*"[43], criada por Bill O'Hanlon[44], é um bom exemplo de como pensar fora da caixa (literalmente). Inicialmente, ensinam-se várias estratégias de resolução de problemas aos membros da família. Posteriormente, constrói-se uma "*Helper Machine*" com grandes caixas de papelão. A ideia por trás da intervenção é que sempre que alguém da família ficar chateado, ele ou ela entrará na máquina e não sairá até que tenha uma ou duas ideias sobre como resolver o problema (Bailey, 2005).

---

43 N.T.: Máquina de Assistência às Famílias (em tradução livre).

44 N.T.: Psicoterapeuta e cofundador da Terapia Focada na Solução (https://www.billohanlon.org).

ERRO Nº 53
Explorar emoções dolorosas prematuramente

> "Trabalhar com o Chris é tão frustrante. Ele simplesmente não fala sobre o divórcio dos pais. Sempre que eu chego perto do assunto, ele se cala. Ele não vai se abrir, não importa o que eu faça."

Como sugere esta queixa de um terapeuta frustrado, fazer com que as crianças falem sobre emoções dolorosas é como observar uma panela no fogo[45], esperando que ela ferva; quanto mais você se concentra nisso, mais demorado parece ser. Mas por que é assim? É como perguntar por que as crianças (e a maioria dos adultos) não gostam de ir ao dentista: porque dói! Você pode falar com elas até cansar sobre como é importante tratar uma cárie antes que ela piore, pode lembrá-las sobre o prêmio que as espera no final da visita e, mesmo assim, elas provavelmente chorarão o tempo todo a caminho do consultório do dentista.

Enquanto terapeutas infantis, devemos evitar ser vistos como uma visita ao dentista: algo que pode ser bom para você, mas que dói muito. Os melhores profissionais da odontopediatria sabem que você não coloca simplesmente a criança sentada na cadeira, pega uma sonda de metal[46] e diz a ela: "abra a boca". Eles sabem que devem, em primeiro lugar, tentar deixar a criança à vontade, prepará-la para o que está por vir e assegurar-lhe que tentarão ser cuidadosos, mas

---

[45] N.T.: Referência ao provérbio "panela vigiada não ferve": é inútil verificar constantemente algo que necessita de tempo para acontecer.

[46] N.T.: Instrumento odontológico que tem uma ou duas pontas em formato de gancho na extremidade, sendo muito utilizado pelo dentista para verificar a presença de cáries, placas bacterianas etc.

que, às vezes, pode haver algum desconforto. Porém, com muita frequência, ouvimos falar de terapeutas que avançam muito cedo no processo terapêutico com perguntas dolorosas sobre divórcio, morte de um familiar ou experiências de *bullying*. O resultado? Em muitos casos, as crianças se recusam a retornar à terapia. Outras apenas se levantam e saem no meio da sessão.

> Brian, de 8 anos, foi encaminhado ao conselheiro escolar após um episódio de violência entre sua mãe e seu pai. Ele presenciara o evento e estava tendo pesadelos recorrentes, bem como dificuldade de concentração na escola. O estagiário começou pedindo a Brian que desenhasse algo que ele gostava de fazer. As coisas estavam indo bem e assim, em seguida, o estagiário pediu que ele desenhasse sua família. Brian demonstrou resistência para desenhá-la, dizendo: "Podemos brincar com um dos jogos agora?" O conselheiro insistiu um pouco e disse que eles poderiam brincar depois que ele terminasse o desenho da família. Brian então começou a desenhá-la, mas ficou cada vez mais irritado até que jogou as canetinhas no chão e saiu em disparada em direção à porta.

O que deu errado? O terapeuta ignorou um detalhe essencial da vida das crianças: elas podem ser facilmente dominadas por emoções fortes. Todos nós já vimos crianças tão dominadas por um ataque de riso, um acesso de raiva ou uma experiência assustadora que foi necessária a intervenção de um adulto para ajudá-las a recuperar o equilíbrio. O desenvolvimento da regulação emocional é um processo longo e difícil. Portanto, é natural que as crianças queiram se proteger de experiências que possam causar sofrimento emocional excessivo. Elas podem ter uma compreensão mínima de que uma visita ao médico ou ao dentista é um mal necessário para livrá-las de alguma doença física. Entretanto, elas definitivamente não apreciam o fato de que, para se livrar do sofrimento emocional, é importante compartilhar seus medos, mágoas e sentimentos de raiva mais profundos com um completo estranho.

Solucionar problemas emocionais não é como restaurar um dente ou dar uma vacina contra a gripe. Tais questões clínicas geralmente podem ser tratadas em uma única ida ao consultório. Ajudar crianças como Brian a lidar com experiências traumáticas não é uma tarefa que se resolve em apenas uma visita. Não podemos ficar afoitos por uma solução rápida. Ajudar as crianças a lidar com emoções dolorosas requer tratar o cliente da melhor forma possível, além de paciência e compaixão.

Como evitar o erro

1. Diga às crianças que elas poderão opinar sobre o que acontece na terapia, que você sempre perguntará a elas se não há problema em falar sobre um assunto antes de fazer perguntas sobre ele, e que elas sempre poderão dizer se você fez muitas perguntas em uma sessão. Um pouco de permissão ajuda bastante a reduzir a resistência e a desenvolver a confiança.
2. Esteja atento aos sinais não verbais de sofrimento emocional. A maioria das crianças não consegue avaliar em que momento elas atingem seus limites emocionais. Elas vão do oito ao oitenta antes que percebam e, consequentemente, podem perder o controle. Portanto, nós, terapeutas, temos que avaliar isso por elas, observando sinais como evitação do contato visual, inquietação e mudança de assunto, e, então, sugerir uma pequena pausa ou abordar outra questão.

3. Seja, em primeiro lugar, um ser humano e, depois, um terapeuta. Em outras palavras, diga a seus clientes que você também já foi criança e que experimentou um pouco do que eles podem estar passando atualmente, que você, às vezes, achou que a escola era muito chata, que os pais podiam ser cruéis e os colegas desleais.

Conforme discutido anteriormente neste livro, a autorrevelação breve e comedida é uma ponte que pode conectar o terapeuta e o cliente. É uma forma significativa de dizer não apenas que "eu entendo a sua dor", mas também que "eu senti a sua dor".

ERRO N° 54
Conversar com as crianças de modo que elas não lhe escutem

Uma coisa que ninguém pode fazer – nem pais, nem professores, nem os terapeutas mais bem treinados – é manipular ou controlar as emoções de outra pessoa. Não podemos influenciar as crianças a serem mais gentis com seus colegas, a finalizarem as lições de casa, a fazerem as tarefas domésticas ou a pararem de sair com as más companhias. Quando os pais levam seus filhos à terapia, eles já tentaram, com pouco ou nenhum resultado, toda forma de comunicação possível e imaginável para fazer com que seus filhos mudem.

- Eles tentaram, por meio da persuasão, dando inúmeras razões pelas quais o comportamento é inaceitável:
  "A escola é o lugar onde você aprende o básico para ter sucesso na vida."
  "Para ter amigos, você precisa aprender a compartilhar e a jogar limpo."

- Eles passaram um sermão:

  "Todos nós temos responsabilidades. Eu vou trabalhar todos os dias, não é? Bom, a escola é o seu trabalho. Se eu fosse trabalhar e não fizesse nada o dia todo, quanto tempo você acha que levaria até eu ser demitido? Bom, na escola, é a mesma coisa."

- Eles ameaçaram e alertaram sobre consequências terríveis:

  "Se você não começar a se esforçar, nunca vai concluir o ensino médio."

Finalmente, depois de ter repreendido os filhos não uma ou duas vezes, mas dezenas de vezes ao longo de muitos meses, os pais podem recorrer à terapia como uma luz no fim do túnel para remediar a situação.

Como devemos proceder? Com certeza, não instigaríamos a criança com as mesmas formas de comunicação ignoradas por ela. Apesar de nosso treinamento, para muitos terapeutas, surpreendentemente, é muito difícil resistir à tentação de passar um sermão nos clientes jovens. Incorporamos obviamente diferentes enfoques dependendo da nossa orientação teórica particular, mas muitas vezes encontramos nosso "pai/mãe interior" tentando assumir o controle. E, à medida que isso acontece na sessão de terapia, você verá que os olhos da criança começam a ficar sem brilho e há um aumento na atividade motora, ou um pedido para ir ao banheiro, tomar um copo d›água ou brincar com um jogo. Na opinião dela, ela já ouviu tudo isso antes e está pronta para sair da terapia.

É claro que, em nossas tentativas de instigá-las, empregamos uma terminologia diversa daquela empregada pelos pais ou professores: nós simplesmente não persuadimos, mas disponibilizamos informações psicoeducacionais; nós não passamos sermões, mas usamos o pensamento ou questionamento socrático. Independentemente da forma que chamemos essas tentativas, em geral, os resultados são os mesmos. As crianças, muitas vezes, nos ignoram, vendo-nos como parte da vasta conspiração adulta, e ficam ainda mais enraizadas em seus padrões comportamentais negativos.

Como evitar o erro

1. Evite usar, de imediato, um modelo formal de "perguntas e respostas". Em vez disso, fale um pouco sobre como as crianças geralmente não querem conversar com os terapeutas no início e, às vezes, nem mesmo entendem por que precisam ir à terapia. Diga a elas que você não espera que compartilhem, na sessão, seus segredos mais sombrios ou seus medos mais profundos, e que será necessário um tempo para que se sintam confortáveis na terapia.
2. Ao passar para a coleta de informações, permita que a criança tenha algum controle sobre a entrevista. Por exemplo: você pode dizer: "Agora, preciso de algumas informações sobre o que está acontecendo com você na escola ou em casa. Porém, quero ter certeza de que não vou fazer muitas perguntas. Então, me avise quando você quiser fazer uma pausa ou não quiser responder a mais perguntas". Essa forma de abordar a criança permite que ela saiba que a terapia é uma via de mão dupla, e não apenas outra situação controlada por uma figura de autoridade.
3. De vez em quando, durante a sessão, pergunte se a criança tem dúvidas. Você pode começar dizendo algo como: "Em geral, as crianças não sabem exatamente o que acontece na terapia. O que você acha

que acontece?" Pense nas perguntas da criança como o início de uma conversa de mão dupla, em vez de uma sessão de perguntas e respostas.

ERRO Nº 55
Interrogar em vez de conversar

Um dos erros mais comuns cometidos pelos terapeutas inexperientes e, às vezes, até pelos mais experientes, é tentar descobrir a razão por trás do comportamento das crianças fazendo perguntas do tipo "por quê".

"Eu conversei com sua professora, e ela me disse que você nunca entrega a lição de casa. Por que?", questiona o terapeuta.

"Não sei", responde Luke, de nove anos, reticente.

Determinado, o terapeuta prossegue fazendo perguntas: "Bem, deve ter algum motivo. A lição de casa é muito difícil?"

Essa pergunta deixa Luke visivelmente irritado, e ele apenas balança a cabeça negativamente.

"Então, qual seria o motivo?", continua o "promotor".

"É muito chato", grita Luke a plenos pulmões.

Frustrado, o terapeuta finaliza dizendo: "Bom, essa não é uma boa resposta".

Esta transcrição da vida real é a de um estagiário do segundo ano que ainda está "pegando o jeito" de falar com as crianças sobre problemas emocionais e comportamentais. Porém, mesmo os profissionais experientes podem ficar frustrados ao tentar obter informações de jovens reticentes. Trabalhar com crianças e adolescentes remete a uma velha frase ouvida nos *campi* universitários: "Eles podem me fazer ir à escola, mas não podem me fazer pensar". Da mesma forma, os pais e professores, muitas vezes, podem coagir as crianças a ir à terapia, mas isso não significa que elas estão prontas, dispostas ou aptas a compartilhar informações pessoais com alguém que ainda não conhecem ou confiam.

Fazer com que as crianças se abram é um processo gradual e delicado. E, assim como o estagiário mencionado acima felizmente aprendeu, perguntar diretamente às crianças por que estão se engajando em um determinado comportamento está no topo da lista de como *não* obter informações. Em primeiro lugar, as perguntas com um "por que" são facilmente interpretadas pelas crianças (e pelos adultos também) como uma acusação. Toda criança já passou pela experiência de fazer algo errado e ouvir o pai/a mãe berrar: "Por que diabos você fez isso?" Isso significa que é melhor que ela tenha uma boa razão para o comportamento *ou então*... Queremos, em vez disso, estabelecer uma aliança terapêutica acolhedora, na qual a criança se sinta benquista, compreendida e respeitada. Colocar as crianças contra a parede com perguntas do tipo "por que" enfraquece nossa tentativa de estabelecer tal aliança.

Há ainda outro problema em explorar os "porquês" do comportamento de uma criança. Como um terapeuta deveria responder a afirmações como "é chato", "me senti assim" ou "todo mundo faz isso"? Essas afirmações são provavelmente sinceras e as melhores em que uma criança pode pensar. Entretanto, elas raramente ajudam a aumentar nossa compreensão do problema e, em vez disso, levam a um beco sem saída onde ambas as partes ficam frustradas.

Às vezes, perguntar o "porquê" está relacionado a uma visão outrora popular de que quando as crianças se engajam em comportamentos considerados problemáticos, deve ser um sinal de problemas emocionais subjacentes.

> Um desses casos envolveu Tad, de quatorze anos, que roubara centenas de dólares de seus pais e comprara muitas roupas e acessórios extremamente caros para andar de skate. Ele disse aos pais que as roupas foram um presente de um amigo skatista, o qual era patrocinado por uma empresa do setor de vestuário. Os pais tinham escolaridade alta e temiam que o comportamento do jovem pudesse refletir algum tipo de transtorno psicológico. Eles o levaram a um terapeuta que investigou exaustivamente uma neurose profunda como causa principal do seu ato de roubar; roubar por diversão ou emoção não era considerado uma justificativa plausível para esses atos. Após vários meses de "terapia", o roubo, de fato, piorou e passou a envolver amigos e vizinhos. Frustrados, os pais levaram Tad a outro terapeuta. Durante a sessão inicial, um Tad, agora psicologicamente sofisticado, disse a seu novo terapeuta: "Já sei por que roubo. É porque tenho baixa autoestima, e simboliza a minha necessidade de roubar o amor dos meus pais".

Tad tornou-se vítima da busca pelo "porquê" de seu comportamento, deixando-o não apenas com um problema para o qual ele procurou terapia, mas também com um segundo: o de se ver como emocionalmente incapacitado. O novo terapeuta trabalhou de forma árdua para apagar essa ideia e, depois, se concentrou na verdadeira fonte do problema: a falta de controle dos impulsos de Tad. Isso levou a intervenções mais diretas e eficazes, tais como treinamento de habilidades parentais, contratos comportamentais e acompanhamento de perto das atividades diárias de Tad.

Como evitar o erro

1. Seja menos paternal/maternal e mais solidário. É claro que é mais fácil falar do que fazer, pois temos cara de adultos, falamos como adultos e nos comportamos como adultos. Uma estratégia necessária é extirpar de nosso vocabulário aqueles termos particularmente associados à autoridade parental. Um dos termos que mais ofendem é o "deveria", como em: "Você 'deveria' ter mais juízo"; "Você 'deveria' dormir mais, fazer mais exercícios físicos e se esforçar mais na escola". Para muitas crianças, tais afirmações são simplesmente convites para uma discussão acalorada. "Por que?" é uma resposta ríspida comum que prepara o terreno para o confronto terapeuta *versus* cliente. Neste caso, você pode até vencer a batalha, mas não a guerra.
2. Seja socrático, e não dogmático. Em vez de tentar impor nossa autoridade moral e intelectual, é muito mais eficaz pedir a uma criança que aponte as consequências positivas e negativas da mudança de comportamento. Por exemplo: se uma criança passa muito tempo com os amigos à noite durante os dias da semana, pode-se perguntar a ela: "Se você parasse de sair durante a semana e fizesse a lição de casa, o que poderia lhe acontecer de bom ou de ruim?" Isso dá à criança a possibilidade de ver por si mesma os benefícios reais da mudança, em vez de receber informações da figura de autoridade que tudo sabe.
3. Chegue a um consenso com a criança. O objetivo dos terapeutas é ajudar as crianças a terem comportamentos mais produtivos, ao mesmo tempo em que eles não pareçam ser membros da oposição. Isso significa mostrar que você sabe que o processo de mudança é difícil e que não espera milagres da noite para o dia.

ERRO N° 56
Acreditar que a avaliação psicológica não é para crianças

No início do livro, discutimos o fato de que o uso de instrumentos de avaliação adequados influencia uma série de variáveis importantes que aumenta os resultados positivos para os clientes. Isso inclui melhorar a confiança do cliente, aumentar a credibilidade do terapeuta e fortalecer a relação terapeuta-cliente. Embora inúmeros estudos corroborem o uso de instrumentos de avaliação, os terapeutas que trabalham com adultos os subutilizam, e a situação é ainda pior quando se trata da avaliação de crianças.

Mesmo quando os terapeutas utilizam os instrumentos de avaliação infantil, a maioria das escalas e questionários é direcionada aos adultos que têm contato com a criança em questão. Assim, pede-se aos pais e professores que avaliem as crianças por meio de instrumentos que mensuram variáveis como hiperatividade, agressividade e habilidades sociais. Embora essa contribuição possa ser inestimável para a elaboração de planos de tratamento, descobrimos que coletar informações diretamente das crianças sobre essas e outras questões desenvolvimentais pode ser igualmente útil. Entretanto, encontrar tais instrumentos pode ser uma tarefa desanimadora e, por isso, desenvolvemos os nossos próprios instrumentos ou, então, modificamos aqueles normalmente utilizados com os adultos, a fim de engajar as crianças no processo de avaliação.

O foco principal da avaliação infantil é determinar quais aspectos da vida da criança são problemáticos. Quando se utilizam os modelos de entrevista voltados para o público adulto, pode ser difícil obter informações das crianças sobre seus conflitos pessoais. Porém, questionários curtos e fáceis de usar geralmente podem fornecer informações capazes de servir como ponte para a elaboração dos objetivos de tratamento.

> Lacey, de 15 anos, foi atendida em uma sessão de emergência depois de ingerir um grande número de comprimidos de ibuprofeno, o qual provocou uma irritação grave no trato digestivo, além de vômitos. Ela disse que estava tendo um ciclo menstrual particularmente difícil e pensou que poderia "dobrar" a dosagem para aliviar seu desconforto. Ao discutir outros aspectos de sua vida, Lacey ficou visivelmente chateada e se calou. Nesse momento, o terapeuta utilizou um questionário com respostas curtas cujo foco eram áreas problemáticas comuns em crianças e adolescentes (veja o Inventário de Autoestima da Criança[47] abaixo). Os resultados da avaliação, que exigia muito pouca verbalização, ajudaram a identificar as áreas problemáticas na vida de Lacey, incluindo a dificuldade de se adaptar aos jovens da escola para a qual se transferira recentemente. Ela conseguiu admitir, posteriormente, que a "*overdose*" era, na verdade, uma tentativa desesperada de fazer seus pais reconhecerem o quanto ela sentia falta de seus velhos amigos.

Outro aspecto importante do processo terapêutico que pode ser avaliado é a força da relação terapeuta-cliente. Quando os clientes se sentem benquistos, compreendidos e respeitados, é mais provável que permaneçam na terapia por tempo suficiente para serem ajudados. O mesmo é válido

---

[47] N.T.: O Inventário de Autoestima da Criança (*Child Self-Esteem Inventory*) não consta no Sistema de Avaliação de Testes Psicológicos (SATEPSI) do Conselho Federal de Psicologia (CFP).

para as crianças e os adolescentes. Porém, a avaliação da relação entre a criança e o terapeuta raramente é realizada. Portanto, com o propósito de avaliá-la, desenvolvemos um instrumento voltado para a criança, no qual os clientes são questionados sobre suas atitudes em relação à experiência com a terapia. As informações coletadas podem ser utilizadas para alterar a abordagem de tratamento ou para discutir os obstáculos que impedem um vínculo positivo entre a criança e o terapeuta (Veja o Questionário da Aliança Terapeuta-Criança[48] ao final deste capítulo).

Como evitar o erro

Inventário de Autoestima da Criança

Neste questionário, o terapeuta pede ao cliente que imagine alunos hipotéticos que são "nota 10", no que se refere a características específicas, tais como popularidade, beleza, habilidades atléticas e inteligência. Em seguida, são feitas duas perguntas sobre cada característica:

1. Em uma escala de 0 a 10, qual a sua pontuação?
2. Em uma escala de 0 a 10, qual a pontuação que você gostaria de ter?

As áreas problemáticas são identificadas se houver uma lacuna de 3 ou mais pontos entre como os clientes se veem (questão 1) e como eles gostariam de ser (questão 2). Por exemplo: se as crianças dizem que acham que são 5 e gostariam de ser 8, se comparadas a uma pessoa que é nota 10

[48] N.T.: O Questionário da Aliança Terapeuta-Criança (*Child-Therapist Alliance Questionnaire*) não consta no Sistema de Avaliação de Testes Psicológicos (SATEPSI) do Conselho Federal de Psicologia (CFP).

em popularidade, isso é indicativo de uma área que pode ser abordada na elaboração dos objetivos de tratamento.

1. Se a Crystal/o César é nota 10 em popularidade, qual a sua pontuação?
   Qual a pontuação que você gostaria de ter?
2. Se o Robin/o Raj é nota 10 nas habilidades atléticas, qual a sua pontuação?
   Qual a pontuação que você gostaria de ter?
3. Se a Lupe/o Lance é nota 10 nas matérias da escola, qual a sua pontuação?
   Qual a pontuação que você gostaria de ter?
4. Se a Patrícia/o Pedro é nota 10 em comportamento, qual a sua pontuação?
   Qual a pontuação que você gostaria de ter?
5. Se a Kira/a Kareem é nota 10 no relacionamento com os pais, qual a sua pontuação?
   Qual a pontuação que você gostaria de ter?

Questionário da Aliança Terapeuta-Criança

Ao apresentarmos este instrumento, dizemos algo como: "Para ajudá-lo e para fazer com que sua vinda aqui valha a pena, é importante que você me diga como estão indo as coisas na terapia. Por isso, seja sincero ao responder às quatro perguntas deste formulário."

Depois de examinar o questionário com a criança, discutimos as áreas que causam preocupação. Por exemplo: se a criança desse uma pontuação baixa à afirmação "acho que a terapia pode ser útil para mim", exploraríamos maneiras específicas por meio das quais as sessões poderiam ser mais produtivas.

Nome: ______________________________ Idade: __________

Sexo: M / F

INSTRUÇÕES: Responda a cada pergunta colocando um "X" na linha para mostrar como você se sente. Quanto mais feliz você se sentir, mais próximo o "X" estará da carinha feliz. Quanto mais triste você se sentir, mais próximo o "X" estará da carinha triste.

Acho que a terapia pode ser útil para mim.

☹ ____ ☺

Na terapia, sinto-me compreendido.

☹ ____ ☺

Estou aprendendo sobre o que preciso
fazer para me sentir melhor.

☹ ____ ☺

Na terapia, sinto-me benquisto.

☹ ____ ☺

XIV. Considerações finais: o poder da resiliência humana

ERRO N° 57
Subestimar o poder da resiliência humana

Sem dúvida alguma, a maioria das pessoas lida bem com as situações difíceis [...] A grande maioria supera os eventos traumáticos e supera-os surpreendentemente bem. Apenas uma pequena parcela – de 5 a 15% – luta de maneira a indicar que precisa de ajuda.

G. Bonanno (2004)

Em 1998, foi realizado um dos mais polêmicos estudos dos anais da Psicologia. O foco era a avaliação da saúde mental em longo prazo de indivíduos vítimas de abuso sexual infantil. Para espanto dos "especialistas" da área, os pesquisadores Bruce Rind, Philip Tromovitch e Robert Bauserman descobriram que, com exceção da relação sexual entre pai e filha, quando o bem-estar das vítimas adultas era comparado com o das não vítimas, as que haviam sofrido abuso tinham apenas níveis um pouco mais elevados de transtornos relacionados ao uso de álcool, depressão, ansiedade e transtornos alimentares. As duras críticas ao estudo, publicado no respeitável *Psychological Bulletin*, foram tão intensas e generalizadas que o Congresso Americano aprovou uma resolução condenando-o. Não há nada como punir o portador de más notícias.

Apesar dos resultados desse e de outros estudos, ainda existe uma tendência arraigada no campo da Psicologia de que "quando coisas ruins acontecem às pessoas, é provável que haja consequências negativas em longo prazo, a menos que certas medidas sejam tomadas por um terapeuta para promover a cura". Traduzindo: "quando as coisas ficam difíceis, é preciso ir à terapia". Entretanto, os fatos não sustentam essa visão. George Bonanno estudou as reações de um grande número de pessoas que perderam recentemente o cônjuge. O senso comum diz que é somente por meio de um "trabalho de luto" apropriado que uma pessoa poderá elaborar e recuperar-se de tal perda; porém, descobriu-se algo contrário. "Sem dúvida alguma, a resposta mais comum foi de resiliência: a maioria das pessoas que acabou de passar por uma das experiências mais dolorosas de suas vidas nunca tiveram uma depressão grave, [em vez disso] passaram por um período relativamente breve de sintomas de luto e logo voltaram ao seu funcionamento normal" (Rind *et al.*, 1998).

A lição aqui é dupla. Uma delas é que a ciência nem sempre nos dá as respostas que desejamos ou esperamos. Precisamos ter a mente suficientemente aberta para adaptar nossos pensamentos e nossas práticas quando isso ocorrer. A segunda é que o espírito humano é muito mais resiliente do que tendemos a imaginar. Em 1974, uma pesquisa de grandes proporções investigou o efeito dos fatores ambientais adversos sobre o desenvolvimento das crianças em Kauai, no Havaí (Werner, 1994). Eram crianças cujos pais, muitas vezes, eram alcoolistas, divorciados e viviam dificuldades financeiras. Como esperado, muitas dessas crianças sofreram, ao longo de sua infância e juventude, com problemas comportamentais, delinquência e problemas emocionais. Entretanto, quase todas se tornaram emocionalmente estáveis e eficientes em suas vidas. As crianças "resilientes" não precisaram de terapia para desenvolver-se bem; elas simplesmente precisaram de um apoio complementar no período de crescimento, como um avô ou professor que se interessasse um pouco mais por elas.

Timothy Wilson, da Universidade da Virgínia, escreveu que as pessoas nem sempre percebem o quão resilientes elas são. Então, quando procuram terapia, subestimam sua capacidade de lidar com a adversidade. Como terapeutas, nossa grande contribuição pode ser melhorar as crenças dos nossos clientes em seus pontos fortes, recursos e resiliência interiores.

Assim como esperamos resiliência da parte dos nossos clientes, precisamos, também, reconhecer a nossa própria resiliência; a resiliência que pode nos capacitar a enfrentar nossos fracassos profissionais eventuais na tentativa de "compreender os padrões individuais dentro dos múltiplos padrões da condição humana, a mais complicada de todas as espécies" (Skhovholt e Jennings, 2005).

Dada a dimensão do desafio que assumimos, é inevitável que, por vezes, não alcancemos os nossos objetivos. Porém, como disse o lendário treinador de basquete Johnny Wooden, o sucesso não é uma questão de nunca fracassar, mas sim "[...] de paz de espírito que é um resultado direto da autossatisfação em saber que você se esforçou para se tornar o melhor que você é capaz de se tornar" (Wooden, 2005).

Como evitar o erro

1. Reconheça que, embora algumas pessoas sejam naturalmente mais resilientes, outras não tão sortudas ainda podem desenvolver as habilidades necessárias com a

ajuda de terapeutas otimistas e solidários. Como disse Ximeno Mejia (2005), "a resiliência não é uma característica que as pessoas têm ou não têm. Ela envolve comportamentos, pensamentos e ações que podem ser aprendidos e desenvolvidos em qualquer pessoa."

2. Ajude seus clientes a entender que a resiliência geralmente é determinada pela forma como explicamos ou vemos os eventos negativos. Martin Seligman, em seu livro *Learned Optimism*, descreve essas formas explicativas como os três "Ps":
   - **Personalização** – Quando coisas ruins acontecem com as pessoas boas, aquelas que são resilientes evitam focar na culpa e, em vez disso, buscam maneiras de aprender com as experiências e seguir em frente.
   - **Permanência** – As pessoas resilientes não veem os eventos negativos como parte de padrões contínuos de ocorrências inevitáveis, mas como eventos únicos, não predeterminados a serem repetidos.
   - **Permeabilidade** – As pessoas otimistas integram a experiência de eventos negativos às suas vidas, não deixando que seus traumas ou histórias negativas as definam.
3. Promova ações que reduzam o sentimento de "vitimização" e desamparo do cliente. Tais ações podem incluir: evidenciar a preocupação com outras pessoas por meio do voluntariado; utilizar animais de estimação, especialmente cães, como fonte de conforto e segurança; e elaborar planos específicos e realistas para um futuro valoroso e gratificante em que o passado não domine mais a vida do cliente.

Posfácio

O Erro após a leitura: Não contextualizar – Realidades distintas

Seguindo uma forte tradição e a necessidade de constante evolução na área da saúde, a Psicologia, enquanto ciência e profissão, passou e passa por constantes mudanças que objetivam o avanço teórico e prático deste campo do saber. Para além dos valorosos princípios do raciocínio clínico apresentado nesta obra, desde a sua primeira publicação em língua inglesa em 2006, significativas atualizações e contextualizações se fazem necessárias para manter este livro como referência técnica atual.

Primeiramente, cabe a ressalva do contexto em que este material foi escrito: o norte americano. A Psicologia nos Estados Unidos da América, e em outras partes do mundo, apresenta características formativas, culturais e metodológicas diversas. De posse da versão brasileira, o leitor deverá se ater a estas características e ressalvas.

Em específico, considerando o contexto brasileiro, o psicólogo deverá atentar também aos aspectos éticos e legais estabelecidos pelo Conselho Federal de Psicologia em seu Código de Ética, às resoluções, às notas técnicas etc. Constantes atualizações são feitas no respectivo campo das resoluções e das notas técnicas e, para tanto, o profissional deverá estar ciente disso.

Como premissa básica para atuação, o profissional deve-se orientar pelo Código de Ética Profissional do Psicólogo[49], que preconiza princípios éticos voltados para o reconhecimento social da categoria de psicólogos.

No que se refere à psicoterapia, a resolução 13/22[50] do Conselho Federal de Psicologia dispõe sobre diretrizes e deveres para o exercício da psicoterapia por psicóloga e por psicólogo. Ao regulamentar o exercício da psicoterapia, bem como discorrer dos aspectos essenciais aos quais o psicólogo deve atentar no processo psicoterapêutico, esta resolução constituiu um marco histórico no que tange ao assunto.

Com relação aos instrumentos psicológicos descritos neste livro, cabe contextualizar que, no Brasil, a resolução CFP 31/22, *estabelece diretrizes para a realização de Avaliação Psicológica no exercício profissional da psicóloga e do psicólogo, regulamenta o Sistema de Avaliação de Testes Psicológicos – SATEPSI e revoga a Resolução CFP nº 09/2018.* Esta resolução define também o que são as fontes fundamentais de informação e as fontes complementares de informação. As fontes fundamentais de informação são aquelas em que as os psicólogos devem obrigatoriamente basear suas decisões. Elas constituem-se de métodos, técnicas e instrumentos psicológicos reconhecidos cientificamente para uso profissional em Psicologia conforme discriminado abaixo:

---

49 CFP (Conselho Federal de Psicologia). *Resolução CFP nº 10, de 21 de julho de 2005.* Aprova o Código de Ética Profissional do Psicólogo. [S.l.: s.n.], 2005. Disponível em: https://atosoficiais.com.br/cfp. Acesso em: 25 abr. 2023.

50 CFP (Conselho Federal de Psicologia). *Resolução CFP nº 13, de 15 de junho de 2022.* Dispõe sobre diretrizes e deveres para o exercício da psicoterapia por psicóloga e por psicólogo. [S.l.: s.n.], 2022. Disponível em: https://atosoficiais.com.br/cfp. Acesso em: 25 abr. 2023.

> I – Testes psicológicos aprovados pelo CFP para uso profissional da psicóloga e do psicólogo.
>
> II – Entrevistas psicológicas e anamneses.
>
> III – Protocolos ou registros de observação de comportamentos obtidos individualmente ou por meio de processo grupal e/ou técnicas de grupo. (CFP, 32/22).

Por sua vez, entende-se por fontes complementares os recursos auxiliares ao processo de coleta de informação na avaliação psicológica, dos quais, segundo a resolução compreendem:

> I – Técnicas e instrumentos não psicológicos que possuam respaldo da literatura científica da área, que respeitem o Código de Ética Profissional do Psicólogo e as garantias da legislação da profissão.
>
> II – Documentos técnicos, tais como protocolos ou relatórios de equipes multiprofissionais. (CFP, 32/22).

Desta forma, considerando os artigos supracitados, a depender do contexto, o psicólogo poderá utilizar-se de maneira complementar a tomada de decisão os instrumentos não psicológicos com respaldo na literatura científica e que respeitem tanto o Código de Ética do Psicólogo e as garantias da legislação da profissão. Contudo, ainda segundo a mesma resolução:

> **Art. 12.** A utilização de testes psicológicos com parecer desfavorável, ou que constem na lista de Testes Psicológicos Não Avaliados no *site* do SATEPSI, será considerada falta de ética, conforme disposto na alínea "c" do art. 1º e na alínea "f" do art. 2º do Código de Ética Profissional do Psicólogo. (CFP, 32/22).

Diante do exposto, o uso dos instrumentos psicológicos citados como desfavoráveis poderá configurar-se uma falta ética em virtude da sua desatualização. Neste sentido, uma lista de instrumentos atualizados em abril de 2023 se apresenta a seguir para a escolha do profissional. Seguem também, demais resoluções e normativas úteis para prática clínica no Brasil.

Akauito Elcino Moreira Teixeira[51]

[51] Psicólogo Clínico CRP 04/43900. Especialista em Avaliação Psicológica e Psicodiagnóstico pela PUC – Minas. Mestre em Ensino pela PUC – Minas.

Testes, Escalas e Resoluções CFP/SATEPSI

Instrumentos de Avaliação

Os instrumentos listados abaixo abordam uma variedade de construtos importantes para prática clínica. A escolha acertada deverá levar em conta particularidades do terapeuta, do paciente e do contexto em que será utilizado. Recomenda-se, portanto, a leitura minuciosa do manual técnico dos instrumentos descritos.

Depressão

Escala Baptista de Depressão – Versão Adulto (EBADEP-A)

Escala Baptista de Depressão – Versão idosos (EBADEP-ID)

Escala Baptista de Depressão – Versão Infanto-Juvenil (EBADEP-IJ)

Escala Baptista de Depressão – Versão saúde (EBADEP-Saúde)

Inventário de Depressão de Beck (BDI-II)

Ansiedade

Inventário de Ansiedade Beck (BAI) (BAI)

Estresse

Escala de Vulnerabilidade ao Estresse no Trabalho (EVENT)

Inventário de Sintomas de Stress para Adultos de Lipp Revisado (ISSL-R)

Habilidades Sociais

Inventário de Habilidades Sociais 2 (IHS 2 Del Prette)

Inventário de Habilidades Sociais Conjugais (IHSC)

Personalidade

Bateria Fatorial de Personalidade (BFP)

Escala de Traços de Personalidade para Crianças (ETPC)

Inventário de Personalidade NEO Revisado (NEO PI-R)

Inventário Dimensional Clínico da Personalidade 2

Inventário Dimensional Clínico da Personalidade versão triagem (IDCP-2)

Inventário dos Seis Fatores de Personalidade (IFP-6)

Inventário Fatorial de Personalidade (IFP-II)

Inventário Fatorial de Personalidade Revisado – Versão Reduzida (IFP-R)

Inventário Hogan de Personalidade (HPI)

O Teste Palográfico na Avaliação da Personalidade

Orpheus – Inventário de Personalidade para o Trabalho

Questionário de Personalidade para Crianças e Adolescentes (EPQ-J)

Resoluções

CFP (Conselho Federal de Psicologia). (1999). *Resolução CFP nº 1, de 22 de março de 1999.* Estabelece normas de atuação para os psicólogos em relação à questão da orientação sexual. [S.l.: s.n.], 1999.

CFP (Conselho Federal de Psicologia). Resolução CFP nº 1, de 30 de março de 2009. Dispõe sobre a obrigatoriedade do registro documental decorrente da prestação de serviços psicológicos. [S.l.: s.n.], 2009.

CFP (Conselho Federal de Psicologia). (2018). *Resolução CFP nº 11, de 11 de maio de 2018.* Regulamenta a prestação de serviços psicológicos realizados por meio de tecnologias da informação e da comunicação e revoga a Resolução CFP nº 11/2012. [S.l.: s.n.], 2018.

CFP (Conselho Federal de Psicologia). (2019). *Resolução CFP nº 18, de 05 de setembro de 2019.* Reconhece a Avaliação Psicológica como especialidade da Psicologia e altera a Resolução CFP nº 13, de 14 de setembro de 2007, que institui a Consolidação das Resoluções relativas ao Título Profissional de Especialista em Psicologia. [S.l.: s.n.], 2019.

CFP (Conselho Federal de Psicologia). *Resolução CFP nº 6, de 29 de março de 2019.* Institui regras para a elaboração de documentos escritos produzidos pela(o) psicóloga(o) no exercício profissional e revoga a Resolução CFP nº 15/1996, a Resolução CFP nº 7/2003 e a Resolução CFP nº 4/2019. [S.l.: s.n.], 2019. Disponível em: https://atosoficiais.com.br/cfp. Acesso em: 1 jul. 20.

CFP (Conselho Federal de Psicologia). (2020). *Resolução CFP nº 4, de 26 de março de 2020.* Dispõe sobre regulamentação de serviços psicológicos prestados por meio de tecnologia da informação e da comunicação durante a pandemia do Covid-19. [S.l.: s.n.], 2020.

CFP (Conselho Federal de Psicologia). *Resolução CFP nº 8, de 17 de maio de 2022*. Estabelece normas de atuação para profissionais da psicologia em relação às bissexualidades e demais orientações não monossexuais. [S.l.: s.n.], 2022. Disponível em: https://atosoficiais.com.br/cfp. Acesso em: 1 jul. 2022.

Apêndice A

Questionário de Autoavaliação do Terapeuta

Esse questionário foi utilizado em nosso programa de treinamento da pós-graduação e baseia-se em itens extraídos de várias escalas, incluindo o Inventário de Aliança Terapêutica[52] (*Working Alliance Inventory*). Ele pode ajudar os terapeutas a determinar se estão abordando os principais fatores que influenciam os resultados terapêuticos positivos. Essa ferramenta de avaliação pode ser utilizada após uma entrevista inicial com um cliente e periodicamente ao longo do tratamento.

Rapport terapeuta-cliente

O que eu disse ou fiz para assegurar que o cliente se sinta valorizado?

De que forma demonstrei respeito pelo meu cliente?

Quando expressei preocupação com o bem-estar do meu cliente?

Como demonstrei que me importo com o cliente, mesmo quando ele faz coisas que não aprovo?

---

[52] N.T.: Como dito no Capítulo 3, este teste não se encontra validado no Brasil. Além disso, ele nem mesmo consta no Sistema de Avaliação de Testes Psicológicos (SATEPSI) do Conselho Federal de Psicologia (CFP).

Clareza de objetivos e colaboração

O que eu fiz ou disse para avaliar se o cliente compreende por que estamos nos concentrando em questões específicas?

Como avaliei se o cliente concorda com os objetivos específicos da terapia?

De que forma envolvi o cliente para que ele colabore no desenvolvimento dos objetivos?

Tarefas de casa

Dei uma justificativa clara para a atividade?

Verifiquei quais são os obstáculos para a realização da atividade?

Utilizei um apoio adicional para aumentar as chances de conclusão da atividade?

Fiz uma revisão das tarefas não concluídas para determinar os obstáculos?

Semeando a esperança

O que eu disse ou fiz para aumentar o otimismo dos clientes em relação aos resultados da terapia?

De que forma falei sobre a minha competência para lidar com questões como as apresentadas pelo cliente?

Expectativas

O que eu disse ou fiz para descobrir as expectativas do meu cliente?

Como esclareci as responsabilidades do cliente na terapia?

Apêndice B

Instrumentos de avaliação: eficácia do terapeuta

I. Escala de Reatância Psicológica de Hong[53] [54]

A reatância psicológica, conforme discutido no Capítulo II, é a tendência de resistir à conformidade e à influência das figuras de autoridade. Esta teoria foi originalmente proposta por Brehm (1966) como um "impulso dirigido à retomada da liberdade pessoal ameaçada ou suprimida". Os clientes que manifestam tais tendências requerem uma abordagem terapêutica mais colaborativa, flexível, e menos diretiva.

Este instrumento é dado ao cliente nas primeiras sessões. As médias para cada questão estão entre parênteses.

---

[53] N.T.: A Escala de Reatância Psicológica de Hong (*The Hong Scale of Psychological Reactance*) não é validada no Brasil pelo Sistema de Avaliação de Testes Psicológicos (SATEPSI) do Conselho Federal de Psicologia (CFP).

[54] Reproduzida com a permissão dos autores e editores de Sung Mook Hong e Sandra Page (HONG, S. M.; PAGE, S. A psychological reactance scale: development, factor structure and reliability. *Psychological Reports*, v. 64, n. 3, p. 1323-1326, 1989). Psychological Reports ©, 1989 (todos os direitos reservados).

Todas as questões são formuladas de modo que, quanto maior a pontuação em cada uma delas, maior a reatância psicológica.

O cliente é orientado a responder a cada questão em uma escala *Likert* que varia de 1 a 5, sendo:

1 = nunca é verdadeiro

2 = raramente é verdadeiro

3 = às vezes é verdadeiro

4 = frequentemente é verdadeiro

5 = sempre é verdadeiro

1. As regras provocam em mim uma sensação de resistência. (2,01)
2. Acho que contradizer os outros é instigante. (2,73)
3. Quando algo é proibido, penso: "é exatamente isso que vou fazer". (3,93)
4. Pensar que dependo de outras pessoas me irrita. (3,23)
5. Considero o conselho de outras pessoas uma intromissão. (3,60)
6. Fico frustrado quando não consigo tomar decisões de maneira livre e independente. (4,01)
7. Fico irritado quando alguém aponta algo que é óbvio para mim. (3,89)
8. Fico com raiva quando minha liberdade de escolha é restrita. (4,01)
9. Em geral, os conselhos me induzem a fazer exatamente o contrário. (1,96)

10. Fico satisfeito apenas quando ajo por minha própria vontade.	(3,23)
11. Resisto às tentativas de outras pessoas de me influenciar.	(3,26)
12. Fico com raiva quando uma pessoa é apresentada como um modelo para eu seguir.	(3,60)
13. Quando alguém me obriga a fazer algo, fico com vontade de fazer o contrário.	(3,60)
14. Fico decepcionado ao ver as outras pessoas se submeterem aos padrões e às regras da sociedade.	(2,73)

II. Inventário de Aconselhamento[55] Transcultural – Revisado[56] [57]

O objetivo deste inventário é avaliar as percepções do cliente sobre a competência de aconselhamento transcultural do conselheiro/terapeuta. Este instrumento de avaliação é geralmente dado ao cliente após a terceira ou quarta sessão. A escala varia de 1 a 6, com as pontuações mais altas indicando

---

[55] N.T.: Nos Estados Unidos da América, o aconselhamento é um processo colaborativo, no qual o conselheiro capacita o indivíduo a identificar e resolver problemas no âmbito da saúde mental, bem-estar, educação, carreira etc. É necessário um mestrado/doutorado em aconselhamento para atuar na área (https://www.counseling.org/).

[56] N.T.: O Inventário de Aconselhamento Transcultural – Revisado (*The Cross Cultural Counseling Inventory – Revised*) não é validado no Brasil pelo Sistema de Avaliação de Testes Psicológicos (SATEPSI) do Conselho Federal de Psicologia (CFP).

[57] Reimpresso com a permissão dos autores Alexis Hernandez e Teresa LaFromboise (1983).

uma maior sensibilidade cultural. O cliente é orientado a circular a pontuação apropriada sob cada afirmação, sendo:

1 = discordo totalmente
2 = discordo
3 = discordo um pouco
4 = concordo um pouco
5 = concordo
6 = concordo totalmente

1. O conselheiro está ciente de sua própria herança cultural.
1 2 3 4 5 6

2. O conselheiro valoriza e respeita as diferenças culturais.
1 2 3 4 5 6

3. O conselheiro está ciente de como os próprios valores podem afetar o cliente.
1 2 3 4 5 6

4. O conselheiro sente-se confortável com as diferenças entre ele e o cliente.
1 2 3 4 5 6

5. O conselheiro está disposto a sugerir um encaminhamento quando as diferenças culturais são profundas.
1 2 3 4 5 6

6. O conselheiro entende o sistema sociopolítico atual e seu impacto no cliente.
1 2 3 4 5 6

7. O conselheiro demonstra ter conhecimento sobre a cultura do cliente.
1 2 3 4 5 6

8. O conselheiro tem uma compreensão clara do processo de aconselhamento e de terapia.
1 2 3 4 5 6

9. O conselheiro está ciente das barreiras institucionais que podem afetar a situação do cliente.

1 2 3 4 5 6

10. O conselheiro evoca uma série de respostas verbais e não verbais do cliente.

1 2 3 4 5 6

11. O conselheiro emite e recebe, com precisão, uma série de mensagens verbais e não verbais.

1 2 3 4 5 6

12. O conselheiro é capaz de sugerir técnicas de intervenção convencionais que favorecem o cliente.

1 2 3 4 5 6

13. O conselheiro emite mensagens que são adequadas ao estilo de comunicação do cliente.

1 2 3 4 5 6

14. O conselheiro tenta entender a queixa segundo a experiência cultural, os valores e/ou o estilo de vida do cliente.

1 2 3 4 5 6

15. O conselheiro apresenta seus próprios valores ao cliente.

1 2 3 4 5 6

16. O conselheiro sente-se à vontade para conversar com o cliente.

1 2 3 4 5 6

17. O conselheiro reconhece os limites estabelecidos pelas diferenças culturais entre ele e o cliente.

1 2 3 4 5 6

18. O conselheiro percebe o *status* social do cliente como sendo de uma minoria étnica.

1 2 3 5 5 6

19. O conselheiro está ciente de suas responsabilidades profissionais e éticas.

1 2 3 4 5 6

20. O conselheiro reconhece e sente-se confortável com as diferenças culturais.

1 2 3 4 5 6

III. Inventário de Aliança Terapêutica[58] [59]

Com base no trabalho de Edward Bordin (1980), o Inventário de Aliança Terapêutica foi desenvolvido por Adam Horvath e Leslie Greenberg. Vários estudos demonstraram uma estreita relação entre a força da aliança terapêutica e os resultados positivos do tratamento (Horvath e Greenberg, 1989). As subescalas do inventário examinam se há uma concordância entre o terapeuta e o cliente quanto aos objetivos, às tarefas (como atingir os objetivos) e à força do vínculo terapeuta-cliente.

Inventário de Aliança Terapêutica – Formulário Abreviado do Cliente

Pede-se ao cliente que leia as seguintes afirmações e responda, em uma escala de 1 a 7, sendo:

---

[58] N.T.: O Inventário de Aliança Terapêutica (*The Working Alliance Inventory – WAI*) não é validado no Brasil pelo Sistema de Avaliação de Testes Psicológicos (SATEPSI) do Conselho Federal de Psicologia (CFP).

[59] Tabela 2, página 226 do: *Journal of Counseling Psychology*, v. 36, p. 223-233, 1989. American Psychological Association ©, 1989 (todos os direitos reservados). Reproduzido com permissão.

Não corresponde em nada			Corresponde de forma moderada		Corresponde em tudo	
1	2	3	4	5	6	7

1. Eu e meu terapeuta concordamos sobre o que terei de fazer na terapia para ajudar a melhorar minha situação.	1 2 3 4 5 6 7
2. O que estou fazendo na terapia possibilita ver meu problema de formas diferentes.	1 2 3 4 5 6 7
3. Acredito que meu terapeuta gosta de mim.	1 2 3 4 5 6 7
4. Meu terapeuta não compreende o que estou tentando alcançar na terapia.	1 2 3 4 5 6 7
5. Estou confiante na capacidade do meu terapeuta em me ajudar.	1 2 3 4 5 6 7
6. Eu e meu terapeuta estamos trabalhando para atingir objetivos mutuamente acordados.	1 2 3 4 5 6 7
7. Acho que meu terapeuta me valoriza.	1 2 3 4 5 6 7
8. Concordamos sobre o que devo trabalhar na terapia.	1 2 3 4 5 6 7
9. Eu e meu terapeuta confiamos um no outro.	1 2 3 4 5 6 7
10. Eu e meu terapeuta temos ideias diferentes sobre quais são meus problemas.	1 2 3 4 5 6 7
11. Temos um bom entendimento sobre o tipo de mudanças que seriam adequadas para mim.	1 2 3 4 5 6 7
12. Acredito que a maneira como estamos trabalhando no meu problema está correta.	1 2 3 4 5 6 7

IV. Escala de Filosofia da Natureza Humana[60] [61]

Desenvolvida por Lawrence Wrightsman (1992), a Escala de Filosofia da Natureza Humana é composta por uma série de afirmações sobre atitudes. Cada afirmação representa uma opinião comumente aceita, e não há respostas certas ou erradas. As afirmações são respondidas em uma escala de –3 a +3, sendo:

Se você concorda totalmente = +3

Se você concorda = +2

Se você concorda um pouco = +1

Se você discorda um pouco = –1

Se você discorda = –2

Se você discorda totalmente = –3

[60] N.T.: A Escala de Filosofia da Natureza Humana (*Philosophy of Human Nature Scale* – *PHN*) não é validada no Brasil pelo Sistema de Avaliação de Testes Psicológicos (SATEPSI) do Conselho Federal de Psicologia (CFP).

[61] Reproduzida com a permissão do autor e editor de Lawrence S. Wrightsman Jr. (WRIGHTSMAN, L. S. Jr. Measurement of Philosophies of Human Nature, *Psychological Reports*, v. 14, n. 1, p. 743-751, 1964). Southern Universities Press ©, 1964 (todos os direitos reservados).

Pontuação

A Escala de Filosofia da Natureza Humana tem seis subescalas: confiabilidade, força de vontade e racionalidade, altruísmo, independência, complexidade e variabilidade. Em cada subescala, algumas afirmações são pontuadas positivamente, e outras negativamente. As subescalas são apresentadas a seguir com as médias de cada afirmação nas colunas à direita.

Itens	Homens (média)	Mulheres (média)
Confiabilidade		
Itens pontuados positivamente		
2. A maioria dos alunos dirá ao professor que ele cometeu um erro ao somar as notas, mesmo que ele tenha dado pontos a mais.	-0,067	-0,495
8. Se você der uma tarefa a uma pessoa comum, deixando-a sozinha para fazê-la, ela a concluirá com sucesso.	0,912	0,632
14. As pessoas geralmente dizem a verdade, mesmo quando sabem que seria mais vantajoso mentir.	-0,535	-0,609
20. A maioria dos alunos não cola ao fazer uma prova.	0,885	1,127
26. A maioria das pessoas é geralmente honesta.	1,090	1,009
32. Se você agir de boa-fé com as pessoas, quase todas lhe retribuirão de forma justa.	1,317	1,127
38. A maioria das pessoas leva uma vida íntegra e honesta.	0,987	0,638

Itens	Homens (média)	Mulheres (média)
Itens pontuados negativamente		
44. As pessoas alegam ter padrões éticos em relação a questões morais e de honestidade, mas poucas os mantêm quando a situação fica difícil.	0,095	0,400
50. Se você quiser que as pessoas façam uma tarefa corretamente, você a explica com muitos detalhes e supervisiona de perto.	-0,620	-0,156
56. Se a maioria das pessoas pudesse entrar em um cinema sem pagar e ter a certeza de que não seria vista, ela o faria.	0,120	0,576
62. A maioria das pessoas não é realmente honesta porque quer, mas porque tem medo de ser pega.	-0,122	0,172
68. A maioria das pessoas contaria uma mentira se pudesse obter vantagens com isso.	-0,067	0,228
74. A maioria das pessoas fraudaria seu imposto de renda se tivesse uma chance.	-0,192	0,394
80. Hoje em dia, as pessoas cometem muitos crimes e irregularidades, e ninguém fica sabendo.	1,057	1,371
Força de vontade e racionalidade		
Itens pontuados positivamente		
43. Se uma pessoa se esforçar o suficiente, ela geralmente alcançará seus objetivos na vida.	1,687	1,508
49. Uma pessoa comum tem uma compreensão exata das razões de seu comportamento.	-0,852	-0,791
55. Se as pessoas se esforçarem o suficiente, as guerras poderão ser evitadas no futuro.	0,397	0,462

Itens	Homens (média)	Mulheres (média)
61. Uma pessoa comum é, em geral, dona do seu próprio destino.	0,940	1,029
67. Em uma eleição local ou nacional, a maioria das pessoas escolhe um candidato de maneira racional e lógica.	-0,862	-0,814
73. A maioria das pessoas tem muito controle sobre o que lhe acontece na vida.	0,927	1,237
79. A maioria das pessoas tem uma boa ideia de quais são seus pontos fortes e fracos.	1,135	0,938
Itens pontuados negativamente		
1. Pessoas bem-sucedidas na vida, tais como grandes artistas e inventores, geralmente são motivadas por forças que desconhecem.	0,310	-0,026
7. Nosso sucesso na vida é, em geral, determinado por forças fora do nosso próprio controle.	-1,200	-1,137
13. As tentativas de entender a nós mesmos são geralmente inúteis.	-0,932	-0,723
19. Na vida, há pouco que se possa fazer para mudar o destino.	-1,955	-2,146
25. A maioria das pessoas tem pouca influência sobre o que lhe acontece.	-1,457	-1,394
31. A maioria das pessoas tem uma visão irrealista de suas próprias capacidades.	-0,270	0,648
37. A maioria das pessoas vota em um candidato com base em características sem importância, tais como sua aparência ou nome, e não com base em seu posicionamento sobre determinadas questões.	0,407	0,427

Itens	Homens (média)	Mulheres (média)
Altruísmo		
Itens pontuados positivamente		
4. A maioria das pessoas tenta colocar em prática a Regra de Ouro[63], mesmo na sociedade complexa atual.	0,232	-0,745
10. A maioria das pessoas não hesita em fazer um esforço excepcional para ajudar alguém numa situação difícil.	0,362	-0,084
16. A maioria das pessoas agirá como "um bom samaritano" se lhe for dada a oportunidade.	0,510	0,348
22. "Não faça aos outros o que não gostaria que fizessem a você" é um provérbio que a maioria das pessoas segue.	-0,345	-0,964
28. Uma pessoa comum está verdadeiramente preocupada com os problemas das outras.	0,015	-0,394
34. A maioria das pessoas que tem abrigos antinucleares permitiria que seus vizinhos ficassem neles durante um ataque nuclear.	0,425	0,140
40. A maioria das pessoas pararia e ajudaria a outra cujo carro estivesse estragado.	0,415	-0,332
Itens pontuados negativamente		
46. Uma pessoa comum é convencida.	-0,022	0,218
52. É raro uma pessoa arriscar a própria vida para ajudar a outra.	0,050	0,296

[63] N.T.: Regra baseada em Mateus 7, 12 e Lucas 6, 31, que consiste em fazer aos outros o que gostaria que fizessem a você.

Itens	Homens (média)	Mulheres (média)
58. É patético ver uma pessoa generosa no mundo de hoje, pois as outras se aproveitam dela.	-0,452	0,182
64. As pessoas fingem se importar umas com as outras mais do que realmente se importam.	0,522	0,742
70. A maioria das pessoas, no fundo, não gosta de fazer um esforço para ajudar as outras.	-0,872	-0,283
76. A maioria das pessoas aumenta seus problemas para obter compaixão.	1,030	1,228
82. As pessoas, em geral, ficam indiferentes para seu próprio bem.	1,052	1,260
Independência		
Itens pontuados positivamente		
45. A maioria das pessoas não tem medo de suas convicções.	0,335	0,120
51. A maioria das pessoas pode tomar suas próprias decisões sem ser influenciada pela opinião pública.	-0,940	-0,934
57. Hoje em dia, são os seus feitos, e não a sua popularidade com as outras pessoas, que lhe fazem prosperar.	-0,120	0,075
63. Uma pessoa comum manterá sua opinião se achar que está certa, mesmo que as outras discordem.	0,367	0,055
69. Se um aluno crê que colar na prova é errado, ele não o fará, mesmo que veja outros alunos colando.	1,777	1,348
75. Uma pessoa com ideias inovadoras é respeitada em nossa sociedade.	0,572	0,452
81. A maioria das pessoas fala abertamente sobre o que acredita.	0,537	0,280

Itens	Homens (média)	Mulheres (média)
Itens pontuados negativamente		
3. A maioria das pessoas mudará de opinião devido a uma enxurrada de críticas, mesmo que ela, na verdade, não mude a maneira de pensar.	0,777	0,771
9. Hoje em dia, muitas pessoas não darão o primeiro passo até descobrirem o que as outras pensam.	1,392	1,384
15. Hoje em dia, o que importa para ser bem-sucedido não é o quão duro você trabalha, mas o quão bem você se encaixa em um grupo.	-0,285	-0,319
21. Um aluno comum colará na prova se todos os outros o fizerem, mesmo que ele tenha uma série de padrões éticos.	-0,485	-0,143
27. É raro uma pessoa discordar do grupo.	1,105	1,465
33. A maioria das pessoas tem que confiar em outra, a fim de tomar decisões importantes para si.	-0,645	
39. Uma pessoa comum raramente expressará sua opinião em um grupo se vir que as outras discordam dela.	0,750	0,853
Complexidade		
Itens pontuados positivamente		
48. Acho que minhas primeiras impressões das pessoas estão frequentemente erradas.	0,682	0,452
54. Algumas pessoas são complicadas demais para eu entender.	1,227	1,270
60. Acho que você nunca poderá realmente entender os sentimentos das outras pessoas.	-0,175	-0,068

Itens	Homens (média)	Mulheres (média)
66. Você não consegue descrever uma pessoa com precisão usando apenas algumas palavras.	2,280	1,843
72. Você não pode classificar todas as pessoas como boas ou más.	2,465	1,892
78. A maioria das pessoas é complexa demais para ser compreendida por completo.	1,265	1,328
84. As pessoas são tão complexas que é difícil saber o que as faz comportar de uma determinada maneira.	1,287	1,205
Itens pontuados negativamente		
6. Acho que minha primeira impressão de uma pessoa está, em geral, certa.	-0,375	-0,482
12. As pessoas podem ser descritas com precisão por uma palavra, tal como "introvertidas", "éticas" ou "sociáveis".	-2,127	-1,941
18. Não é difícil entender o que é realmente importante para uma pessoa.	-0,707	-0,504
24. Acho que tenho uma boa ideia da essência de uma pessoa depois de uma breve conversa com ela.	-0,130	0,400
30. Se eu pudesse fazer três perguntas a uma pessoa sobre ela mesma (supondo que ela seria sincera nas suas respostas), eu saberia muito sobre ela.	-0,082	-0,104
36. Quando conheço uma pessoa, procuro uma característica principal por meio da qual tento compreendê-la.	-0,485	-0,521
42. Dê-me algumas informações sobre uma pessoa, e terei uma boa ideia se gostarei ou não dela.	-1,007	-0,619

Itens	Homens (média)	Mulheres (média)
Variabilidade		
Itens pontuados positivamente		
5. A reação de uma pessoa varia de uma situação para outra.	2,245	2,133
11. Pessoas diferentes reagem à mesma situação de maneiras diferentes.	2,820	2,567
17. A personalidade de cada pessoa é diferente da personalidade de qualquer outra.	2,752	2,368
23. As pessoas são bem diferentes quanto aos seus principais interesses.	1,502	1,586
29. As pessoas são bem diferentes umas das outras no que diz respeito ao que as fazem comportar de uma determinada maneira.	1,610	1,407
35. Muitas vezes, a essência da personalidade de uma pessoa é modificada por fatos, tais como uma conversão religiosa, uma Psicoterapia ou um curso de etiqueta.	0,527	0,596
41. As pessoas são imprevisíveis na forma de agir em diferentes situações.	1,140	1,149
Itens pontuados negativamente		
47. As pessoas são muito parecidas quanto aos seus principais interesses.	-0,597	-0,778
53. As pessoas são muitos semelhantes quanto às suas personalidades.	-1,645	- 1,671
59. Se você tiver uma boa ideia de como várias pessoas reagirão a uma determinada situação, você pode esperar que a maioria das pessoas reagirá da mesma maneira.	-0,382	- 0,234
65. A maioria das pessoas é coerente na sua forma de reagir em diferentes situações.	-0,582	-0,312

Itens	Homens (média)	Mulheres (média)
71. Uma criança que tem a simpatia de todos também a terá quando for adulta.	-0,430	-0,384
77. Se posso ver como uma pessoa reage a uma situação, tenho uma boa ideia de como ela reagirá a outras situações.	-0,557	-0,416
83. Se você prestar atenção, as pessoas são bastante parecidas quanto à sua constituição emocional.	-0,905	-0,889

V. Questionário de Estágios de Mudança[62] [63] – Exemplos de perguntas

Este questionário avalia o nível de comprometimento do cliente para modificar um comportamento problemático. Nesta escala, os escores mais baixos correlacionam-se de forma significativa com o abandono da terapia e um pior resultado terapêutico (McConnaughy, Prochaska e Velicer, 1983). O questionário é particularmente útil para os clientes que apresentam problemas de abuso de substâncias.

Pede-se aos clientes que respondam às seguintes questões em uma escala de 1 a 4, com 1 indicando que a questão não é verdadeira, segundo seu modo de pensar, e 4 indicando que a afirmação é extremamente peculiar.

[62] N.T.: O Questionário de Estágios de Mudança (*Stages of Change Questionnaire*) não é validado no Brasil pelo Sistema de Avaliação de Testes Psicológicos (SATEPSI) do Conselho Federal de Psicologia (CFP).

[63] Tabela 2, página 371, de: MCCONNAUGHY, E. A.; PROCHASKA, J. O.; VELICER, W. F. Stages of change in psychotherapy: measurement and sample profiles. *Psychotherapy: Theory, Research and Practice*, v. 20, n. 3, p. 368-375, 1983. Division of Psychotherapy (29), American Psychological Association ©, 1983 (todos os direitos reservados).

O questionário está dividido em quatro níveis de compromisso, conforme indicado abaixo. Uma pontuação alta em uma questão específica (3 ou 4) sugere que o cliente provavelmente apresentará este nível de comprometimento com a mudança.

I. Estágio de pré-contemplação

1. Na minha opinião, não tenho problemas que precisam ser resolvidos.
2. Não sou o problema número um. Para mim, não faz muito sentido estar aqui.

II. Estágio de contemplação

1. Tenho um problema e realmente acho que deveria trabalhar nele.
2. Espero que este lugar me ajude a me entender melhor.

III. Estágio de ação

1. Estou fazendo algo com os problemas que têm me incomodado.
2. Qualquer um pode falar sobre mudar: na verdade, estou fazendo algo a respeito disso.

IV. Estágio de manutenção

1. Estou preocupado com o fato de que eu possa voltar a ter um problema que já resolvi. Por isso, estou aqui para pedir ajuda.
2. Pensei que, uma vez que eu tivesse resolvido o problema, estaria livre dele. Porém, às vezes, ainda me vejo lutando contra ele.

Apêndice C

Instrumentos de avaliação[64]: questões clínicas

Depressão

Centro de Estudos Epidemiológicos – Escala de Humor Deprimido (*Center for Epidemiologic Studies – Depressed Mood Scale – CES-D*)

RADLOFF, L. A. A self-report depression scale for research in the general population. *Applied Psychological Measurement*, v. 1, n. 3, p. 385-401, 1977.

Ansiedade (Componentes Cognitivos)

Questionário de Ansiedade Cognitiva e Somática (*Cognitive-Somatic Anxiety Questionnaire – CSAQ*)

SCHWARTZ, G. E.; Davidson, R. J.; GOLDEMAN, D. J. Patterning of cognitive and somatic processes in

[64] N.T.: Todos os testes psicológicos citados neste apêndice, exceto o Teste de Triagem de Alcoolismo de Michigan, que se encontra desfavorável, não constam no Sistema de Avaliação de Testes Psicológicos (SATEPSI) do Conselho Federal de Psicologia (CFP). Cabe ressaltar que os testes que não estão incluídos na relação de testes aprovados pelo CFP não podem ser usados para fins profissionais.

the self-regulation of anxiety: Effects of meditation versus exercise. *Psychosomatic Medicine*, v. 40, n. 4, p. 321-328, 1978.

Transtornos Alimentares (Anorexia Nervosa)

Teste de Atitudes Alimentares (*Eating Attitudes Test – EAT*)

GARNER, D. M.; GARFINKEL, P. E. The Eating Attitudes Test. An index of the symptoms of anorexia nervosa. *Psychological Medicine*, v. 9, n. 2, p. 273-279, 1979.

Ansiedade Social

Medo de Avaliação Negativa (*Fear of Negative Evaluation – FNE*)

WATSON, D.; FRIEND, R. Measurement of social-evaluative anxiety. *Journal of Consulting and Clinical Psychology*, v. 33, n. 4, p. 448-457, 1969.

Transtorno do Estresse Pós-Traumático (TEPT)

Escala de Impacto do Evento (*Impact of Event Scale – IES*)

HOROWITZ, M. J.; WILNER, N.; ALVAREZ, W. Impact of event scale: A measure of subjective stress. *Psychological Medicine*, v. 41, n. 3, p. 209-218, 1979.

Abuso de Substâncias (Álcool)

Teste de Triagem de Alcoolismo de Michigan (*Michigan Alcoholism Screening Test – MAST*)

SELZER, M. L. The Michigan Alcoholism Screening Test: The quest for a new diagnostic instrument. *American Journal of Psychiatry*, v. 127, n. 12, p. 89-94, 1971.

Assertividade

Inventário de Assertividade (*Assertiveness Inventory*)

ALBERTI, R. E.; EMMONS, M. L. *Your perfect right: Assertiveness and equality in your life and relationships*. Atascadero, CA: Impact Publishers, 1974, 2001.

Escala de Assertividade de Rathus (*Rathus Assertiveness Schedule – RAS*)

RATHUS, S. A. A 30-item schedule for assessing assertive behavior. *Behavior Therapy*, v. 4, n. 3, p. 398-406, 1973.

Sugestões de leitura

I. Como errar antes mesmo de começar a terapia – A entrevista inicial

COLES, D. A pilot use of letters to clients before the initial session. *Australian and New Zealand Journal of Family Therapy*, v. 16, n. 4, p. 209-213, 1995.

LEVILNE, J. L.; STOLZ, J. A.; LACKS, P. Preparing psychotherapy clients: rationale and suggestions. *Professional Psychology:* Research and Practice, v. 14, n. 3, p. 317-322, 1983.

MURSTEIN, B. I.; FONTAINE, P. A. The public' s knowledge about psychologists and other mental health professionals. *American Psychologist*, v. 48, n. 7, p. 839-845, 1993.

WILCOXON, S. A. Clarifying expectations in therapy relationships: suggestions for written guidelines. *Journal of Independent Social Work*, v. 5, n. 2, p. 65-71, 1991.

II. Como fazer avaliações incompletas

BREHM, J. *A theory of psychological reactance.* New York: Academic Press, 1966.

DE JON, P.; MILLER, S. D. How to interview for client strengths. *Social Work*, v. 40, n. 6, p. 729-735, 1995.

HORVATH, A. T. *Sex, drugs, gambling, and chocolate:* a workbook for overcoming addictions. Atascadero: Impact Publishers, 2003.

MCCONNAUHY, E.; PROCHASKA, J.; VELICER, W. Stages of change in psychotherapy: measurement and sample profiles. *Psychotherapy*, v. 20, n. 3, p. 368-375, 1983.

III. Como destruir o relacionamento terapeuta-cliente

ALEXANDER, J. B. *et al.* On what bases do patients choose their therapists? *Journal of Psychotherapy Practice and Research*, v. 2, n. 2, p.135-146, 1993.

BEUTLER, L. E. *et al.* Client-therapist matching. *In*: SNYDER, C. R.; FORSYTH, D. R. (Eds.). *Handbook of social and clinical psychology: the health perspective.* Elmsford: Pergamon Press, 1991. p. 699-716.

BONGAR, B.; MARKEY, L. A.; PETERSON, I. G. View on the difficult and dreaded patient: a preliminary investigation. *Medical psychotherapy: An International Journal*, v. 4, p. 9-16, 1991.

CRAMER, D.; TAKENS, R. J. Therapeutic relationship and progress in the first six sessions of individual psychotherapy: a panel analysis. *Counselling Psychology Quarterly*, v. 5, n. 1, p. 25-36, 1992.

DORKEN, H.; VANDENBOA, B. Characteristics of 20,000 patients and their psychologists. *In*: DORKEN, H. *et al.* (Eds.). *Professional psychology in transition: meeting today's challenges.* San Francisco: Jossey-Bass, 1986. p. 2-43.

HATCHER, R. L.; BARENDS, A. W. Patients' view of the alliance in psychotherapy: exploratory factor analysis of three alliance measures. *Journal of Consulting and Clinical Psychology*, v. 64, n. 6, p. 1326-1336, 1996.

MALLEN, M. J.; VOGEL, D. L.; ROCHLEN, A. B. The practical aspects of online counselling: ethics, training, technology, and competency. *The Counseling Psychologist*, v. 33, n. 6, p. 776-818, 2005.

IV. Como evitar a colaboração com o cliente

ANDERSON, H. Postmodern collaborative and personal--centered therapies: what would Carl Rogers say? *Journal of Family Therapy*, v. 23, n. 4, p. 339-360, 2001.

PHILLIPS, J. Collaboration with one's client. *Arts in Psychotherapy*, v. 19, n. 4, p. 295-298, 1992.

V. Como ignorar a ciência

IRVING, J. A.; WILLIAMS, D. I. Personal growth and personal development: concepts clarified. *British Journal of Guidance & Counselling*, v. 27, n. 4, p. 517-526, 1999.

MAHONEY, M. J. *Human change processes: the scientific foundations of psycho*therapy. New York: Basic Books, 1991.

WILLIAMS, D. I.; IRVING, J. A. Why are therapists indifferent to research? *British Journal of Guidance and Couselling*, v. 27, n. 3, p. 367-376, 1999.

VI. Como estabelecer limites inadequados entre o terapeuta e o cliente

GABBARD, G. O. On love and lust in erotic transference. *Journal of the American Psychoanalytic Association*, v. 42, n. 2, p. 385-386, 1994.

GUTHEIL, T. G.; GABBARD, G. O. The concept of boundaries in clinical practice: theoretical and risk management dimensions. *American Journal of Psychiatry*, v. 150, n. 2, p.188-196, 1993.

HILL, D. The special place of the erotic transference in psychoanalysis. *Psychoanalytic Inquiry*, v. 14, n. 4, p. 483-498, 1994.

JOHNSTON, S. H.; FARBER, B. A. The maintenance of boundaries in psychotherapeutic practice. *Psychotherapy*, v. 33, n. 3, p. 391-402, 1996.

KATHERINE, A. *Boundaries: where you end and I begin*. New York: MJF Books, 1998.

MATHEWS, B. The use of therapist self-disclosure and its potential impact on the therapeutic process. *Journal of Human Behavior and Learning*, v. 6, n. 2, p. 25-29, 1980.

SATRAN, G. Some limits and hazards of empathy. *Contemporary Psychoanalysis*, v. 27, n. 4, p. 737-748, 1991.

VII. Como fazer com que o cliente não cumpra as tarefas

KAZANTZIS, N.; DEANE, F.; RONAN, K. R. Homework assignments in cognitive and behavioral therapy: a meta-analysis. *Clinical Psychology: Science and Practice*, v. 38, n. 4, p. 189-202, 2000.

WOODY, J. D. Clinical strategies to promote compliance. *American Journal of Family Therapy*, v. 18, n. 3, p. 285-294, 1990.

VIII. Como piorar atitudes que já são ruins

COOPER, J.; MIRABILE, R.; SCHER, S. J. Actions and attitudes: the theory of cognitive dissonance. *In*: BROCK, T. C.; GREEN, M. C. (Eds.). *Persuasion*: Psychological insights and perspectives. 2. ed. Thousand Oaks: Sage Publications, 2005. p. 63-79.

HOLTFORTH, M. G.; CASTONGUY, L. G.; BORKOVER, T. D. Expanding our strategies to study the process of change. *Clinical Psychology*: *Science and Practice*, v. 11, n. 4, p. 396-404, 2004.

JOHNSON, D. Attitude modification methods. *In*: KANFER, F.; GOLDSTEIN, A. (Eds.). *Helping people change*. New York: Pergamon, 1980.

IX. Como não confrontar os clientes

GANS, J. S.; COUNSELMAN, E. F. The missed session: a neglected aspect of psychodynamic psychotherapy. *Psychotherapy*, v. 33, n. 1, p. 43-50, 1996.

SALERNO, M. *et al.* The effects of confrontation and clarification on patient affective and defensive responding. *Psychotherapy Research*, v. 2, n. 3, p. 181-192, 1992.

X. Como fazer com que os clientes recusem o uso de medicamentos

BIONDI, M. Beyond the brain-mind dichotomy and toward a common organizing principle of pharmacological and psychological treatments. *Psychotherapy and Psychosomatics*, v. 64, n. 1, p. 1-8, 1995.

SARWER-FORER, G. J. The Relationship between psychotherapy and pharmacotherapy: an Introduction. *The American Journal of Psychotherapy*, v. 47, n. 3, p. 387-392, 1993.

XI. Como não encerrar a terapia

CHESTON, S. E. *Making effective referrals:* the therapeutic process. New York: Gardner, 1991.

KOSS, M. P. Length of psychotherapy for clients seen in private practice. *Journal of Counseling and Clinical Psychology*, v. 47, n. 1, p. 210-212, 1979.

LAZARUS, A. *Controversies in managed mental health care.* Washington: American Psychiatric Press, 1996.

POELSTRA, P. L.; BROWN, C. K. Therapeutic termination: how psychotherapists say good-bye. *Psychotherapy in Private Practice*, v. 12, n. 2, p. 73-82, 1993.

TUCKFELT, S.; FINKN, J.; WARREN, M. *The psychotherapists' guide to managed care in the 21st century*. Northvale: Aronson, 1997.

TRYON, G. S.; KANE, A. S. Client involvement, working alliance, and type of therapy termination. *Psychotherapy Research*, v. 5, n. 3, p. 189-198, 1995.

XII. Como o terapeuta pode chegar ao esgotamento físico e mental

GERSON, B. *The therapist as a person: life crisis, life choices, life experiences, and their effects on treatment*. Hillsdale: Analytic Press, 1996.

GILELS, T. R; PRIAL, E. M.; NEIMS, D. M. Evaluating psychotherapies: a comparison of effectiveness. *International Journal of Mental Health*, v. 22, n. 2, p. 43-65, 1993.

WEST, A. The risks of burnout. *In*: CORDESS, C.; COX, M. (Eds.). *Forensic psychotherapy*: crime psychodynamics and the offender patient, vol. 2. London: Jessica Kingsley, 1996. p. 229-240.

WILLIAMS, M. B.; SOMMER JR., J. F. Self-care and the vulnerable therapist. *In*: STAMM, B. H. (Ed.). *Secondary traumatic stress:* self-care issues for clinicians, researchers and educators. Lutherville: Sidran Press, 1995. p. 230-246.

XIII. Como não trabalhar com as crianças

APTER, T. *The myth of maturity*. New York: W. W. Norton, 2001.

FLOWERS, J.; BOORAEM, B.; SCHWARTZ, B. *Help your children be self-confident*. Englewood Cliffs: Prentice Hall, 1980.

HOBDAY, M.; OLLIER, K. *Creative therapy with children and adolescents*. Atascadero: Impact Publishers, 2005.

SHURE, M.; DIGERONIMO, T. *Raising a thinking child*. New York: Pocket Books, 1996.

WOOD, P.; SCHWARTZ, B. *How to get your children to do what you want them to do*. Englewood Cliffs: Prentice Hall, 1978.

XIV. Considerações finais: o poder da resiliência humana

BLATT, S. J. *et al*. Characteristics of effective therapists: further analyses of data from the National Institute of Mental Health Treatment of Depression Collaborative Research Program. *Journal of Consulting and Clinical Psychology*, v. 64, n. 6, p. 1276-1284, 1996.

BONANNO, G. Human resilience. *The New Yorker*, New York, 8 nov. 2004. p. 72-74.

CURTIS, R. C.; STRICKER, G. *How people change: inside and outside therapy*. New York: Plenum, 1991.

MASSON, J. M. *Against therapy:* emotional tyranny and the myth of psychological healing. New York: Antheneum, 1988.

SKOVHOLT, T.; JENNINGS, L. Mastery and expertise in counseling. *Journal of Mental Health Counseling*, v. 27, n. 1, p. 13-18, 2005.

WOODEN, J. *Wooden on leadership*. New York: McGraw-Hill, 2005.

Referências

ACOSTA, F. X. Self-described reasons for premature termination of psychotherapy by Mexican American, Black American, and Anglo-American patients. *Psychological Reports*, v. 47, n. 2, p. 435-443, 1980.

AUGER, R. What we don't know can hurt us: mental health counselors' implicit assumptions about human nature. *Journal of Mental Health Counseling*, v. 26, n. 1, p. 13-24, 2004.

BAILEY, C. *Children in therapy: using the family as a resource*. New York: W.W. Norton, 2005.

BARRETT, M.; BERMAN, J. Is psychotherapy more effective when therapists disclose information about themselves? *Journal of Consulting and Clinical Psychology*, v. 69, n. 4, p. 597-603, 2001.

BARRETT-LENNARD, G. The empathy cycle: refinement of a nuclear concept. *Journal of Counseling Psychology*, v. 28, n. 2, p. 91-100, 1981.

BENITEZ, B. The decision to terminate therapy. *The Therapist*, v. 11, p. 2-14, 2004.

BEUTLER, L.; CLARKIN, J. *Systematic treatment selection: toward targeted therapeutic interventions*. Philadelphia: Brunner/Mazel, 1990.

BLOOM, B. L. *Planned short-term psychotherapy: a clinical handbook*. Boston: Allyn and Bacon, 1992.

BONANNO, G. Human resilience. *The New Yorker*, New York, 8 nov. 2004. p. 72-74.

BOORAEM, C. D.; FLOWERS, J. V.; SCHWARTZ, B. Group therapy client outcome and satisfaction as a function of the therapist's use of rapid assessment instruments. *Small Research Group*, v. 24, n. 1, p. 116-126, 1993.

BORDIN, E. S. Of human bonds that bind or free. *In:* INTERNATIONAL ANNUAL MEETING, 6., 1980, Pacific Grove. *Annals* [...]. Crestwood: Society for Psychotherapy Research, 1980.

BRADY, J. L. *et al.* Stress in counselors: an integrative research review. *In*: DRYDEN, W. (Ed.). *Stress in counselling in action.* Newbury Park: Sage, 1995. p. 1-27.

BREHM, J. *A theory of psychological reactance.* New York: Academic Press, 1966.

BREHM, J.; BREHM, S. *Psychological reactance:* a theory of freedom and control. San Diego: Academic Press, 1981.

CASTONGUAY, L. *et al.* Predicting the effectiveness of cognitive therapy for depression: a study of unique and common factors. *Journal of Consulting and Clinical Psychology*, v. 65, n. 3, p. 497-504, 1996.

CLINTON, H. *It takes a village.* New York: Simon and Schuster, 1996.

COLES, D. A pilot use of letters to clients before the initial session. *Australian and New Zealand Journal of Family Therapy*, v. 16, n. 4, p. 209-213, 1995.

CORRIGAN, J. D.; SCHMIDT, L. D. Development and validation of revisions in the Counselor Rating Form. *Journal of Counseling Psychology*, v. 30, n. 1, p. 64-75, 1983.

CROSS, D. G.; WARREN, C. E. Environmental factors associated with continuers and terminators in adult outpatient psychotherapy. *British Journal of Medical Psychology*, v. 57, n. 4, p. 363-369, 1984.

CURTIS, R. *et al.* What 75 psychoanalysts found helpful and hurtful in their own analysis. *Psychoanalytic Psychology*, v. 21, n. 2, p. 183-202, 2004.

DEMMITT, A.; RUETH, T. Challenges faced by people with personality disorders and those who counsel them or live with them. *In:* ANNUAL MEETING OF THE AMERICAN COUNSELING ASSOCIATION, 3., 2002, New Orleans. *Annals* [...]. Alexandria: American Counseling Association, 2002.

DORMAAR, J.; DIJKMAN, C.; DE VRIES, M. Consensus in patient therapist interactions: a measure of the therapeutic relationship related to outcome. *Psychotherapy and Psychosomatics*, v. 51, n. 2, p. 69-76, 1984.

DOWD, E. T.; MILNE, C. R.; WISE, S. L. The Therapeutic Reactance Scale: a measure of psychological reactance. *Journal of Counseling & Development*, v. 69, n. 6, p. 541-545, 1991.

FELTHAM, C.; HORTON, I. *Handbook of counseling and psychotherapy.* Newbury Park: Sage, 2000.

FINN, S. E.; TONSAGER, M. E. Therapeutic effects of providing MMPI-2 test feedback to college students awaiting therapy. *Psychological Assessment*, n. 4, n. 3, p. 278-287, 1992.

FLOWERS, J. V.; FRIZLER, P. *Psychotherapists on film, 1899-1999*: *a worldwide guide to over 5000 films.* Jefferson: McFarland & Company, 2004.

FREEMAN, M.; HAYES, B. Clients changing counselors: an inspirational journey. *Counseling and Values*, v. 47, n. 1, p. 13-21, 2002.

GARB, H. N. The representativeness and past-behavior heuristics in clinical judgment. *Professional Psychology:* Research and Practice, v. 27, n. 3, p. 272-277, 1996.

GITLIN, M. *Psychotherapist's guide to psychopharmacology.* New York: Free Press, 1996.

GLASSER W. I can't wait until you leave. *In*: KOTTLER, J. A.; CARLSON, J. (Eds.). *Bad therapy:* master therapists share their worst failures. New York: Bruner-Routledge, 2002.

GREENBERG, L. S.; PAIVIO, S. C. *Working with emotions in psychotherapy*. New York: Guilford, 1997.

HATCHETT, G. T.; PARK, H. L. Comparison of four operational definitions of premature termination. *Psychotherapy: Theory, Research, Practice, Training*, v. 40, n. 3, p. 226-231, 2003.

HEATHER, N. *et al*. Effects of brief counseling among heavy drinkers on general hospital wards. *Drug and Alcohol Review*, v. 15, n. 1, p. 29-38, 1993.

HELLMAN, I. D.; MORRISON, T. L.; ABRAMOWITZ, S. I. Therapist flexibility/rigidity and work stress. *Professional Psychology: Research and Practice*, v. 18, n. 1, p. 21-27, 1987.

HERMANSSON, B. Boundaries and boundary management. *British Journal of Guidance and Counseling*, v. 25, n. 2, p. 133-146, 1997.

HOBDAY, A.; OLLIER, K. *Creative therapy with children and adolescents*. Atascadero: Impact Publishers, 2005.

HONG, S. M.; PAGE, S. A psychological reactance scale: development, factor structure and reliability. *Psychological Reports*, v. 64, n. 3, p. 1323-1326, 1989.

HORVATH, A. O.; GREENBERG, L. S. Development and validation of the Working Alliance Inventory. *Journal of Counseling Psychology*, v. 36, n. 2, p. 520-556, 1989.

HORVATH, A. O.; SYMONDS, B. D. The relation between working alliance and outcome in psychotherapy: a meta-analysis. *Journal of Counseling Psychology*, v. 38, n. 2, p. 139-149, 1991.

HOUSE, R. An approach to time-limited humanistic-dynamic counselling. *British Journal of Guidance & Counselling*, v. 25, n. 2, 1977.

HOUSE, R. The dynamics of professionalism: a personal view of counseling research. *Counselling*, v. 8, n. 3, p. 200-204, 1997.

HOYT, M. F.; XENAKIS, S. N.; MARMAR, C. R. Therapist actions that influence their perceptions of good therapy hours. *Journal of Nervous & Mental Disease*, v. 171, n. 7, p. 400-404, 1983.

HUNSLEY, J. *et al.* Comparing therapist and client perspectives on reasons for psychotherapy termination. *Psychotherapy:* Theory, Research, Practice, Training, v. 36, n. 4, p. 380-388, 1999.

HYNAN, D. J. Client reasons and experiences in treatment that influence termination of psychotherapy. *Journal of Clinical Psychology*, v. 46, n. 6, p. 891-895, 1990.

INSEL, T.; CHARNEY, D. Research on major depression: strategies and priorities. *JAMA:* Journal of the American Medical Association, v. 289, n. 23, p. 3167-3168, 2003.

IRVING, J. A.; WILLIAMS, D. I. Personal growth and personal development: concepts clarified. *British Journal of Guidance & Counselling*, v. 27, n. 4. p. 517-526, 1999.

IWANICKI, E. F.; SCHWAB, R. L. A cross validation study of the Maslach Burnout Inventory. *Educational and Psychological Measurement*, v. 41, n. 4, p. 1167-1174, 1981.

JENNINGS, L. *et al.* Nine ethical values of master therapists. *Journal of Mental Health Counseling*, v. 27, n. 1, p. 32-47, 2005.

JOHNSON, D. Attitude modification methods. *In:* KANFER, F.; GOLDSTEIN, A. (Eds.). *Helping people change*. New York: Pergamon, 1980.

KARNO, M. P.; BEUTLER, L. E.; HARWOOD, T. M. Interactions between psychotherapy procedures and patient attributes that predict alcohol treatment effectiveness: a preliminary report. *Addictive Behaviors*, v. 27, n. 5, p. 779-799, 2002.

KASSAN, L. *Second opinions: sixty psychotherapy patients evaluate their therapists*. New York: Aronson, 1999.

KATHERINE, A. *Boundaries:* where yon end and I begin. New York: MJF Books, 1998.

KAZANTZIS, N.; DEANE, F.; RONAN, K. R. Homework assignments in cognitive and behavioral therapy: a meta-analysis.

Clinical Psychology: Science and Practice, v. 38, n. 4, p. 365-372, 2000.

KEITH-SPIEGEL, P.; KOOCHER, G. *Ethics in psychology*. New York: Random House, 1985.

KLERMAN, G. *Interpersonal therapy of depression*. New York: Aronson, 1984.

KLONOFF, E. *Preventing misdiagnosis of women: a guide to psychiatric disorders that have physical symptoms*. Newbury Park: Sage, 1997.

KOTTLER, J. *On being a therapist*. San Francisco: Jossey-Bass, 2003.

LAFROMBOISE, T. D.; COLEMAN, H. L. K.; HERNANDEZ, A. Development and factor structure of the cross-cultural counseling inventory – revised. *Professional Psychology: Research and Practice*, v. 22, n. 5, p. 380-388, 1991.

LAMBERT, M. Psychotherapy outcome research. *In:* NORCROSS, J.; GOLDFRIED, M. (Eds.). *Handbook of therapy integration*. New York: Basic Books, 1992.

LAMBERT, M.; BARLEY, D. Research summary on the therapeutic relationship and psychotherapy outcome. *Psychotherapy: Theory, Research, Practice, Training*, v. 38, n. 4, p. 357-361, 2001.

LAZARUS, A. A.; FAY, A. *I can if I want to*. Essex: FMC Books, 2000.

LAZARUS, A. A.; LAZARUS, C. *The 60-second shrink: 101 strategies for staying sane in a crazy world*. Atascadero: Impact Publishers, 1997.

LAZARUS, A. A. A huge dose of humility. *In:* KOTTLER, J. A.; CARLSON, J. (Eds.). *Bad therapy: master therapists share their worst failures*. New York: Brunner-Routledge, 2002. p. 33-42.

MAHONEY, M. J. *Human change processes: the scientific foundations of psychotherapy*. New York: Basic Books, 1991.

MASLACH, C. *Maslach Burnout Inventory*. Mountain View: Consulting Psychologists Press, 1996.

MATROSS, R. Socratic methods in counseling and psychotherapy. *Dissertation Abstracts*, v. 36, n. 4-b, p. 1924, 1975.

MCCONNAUGHY, E. A.; PROCHASKA, J. O.; VELICER, W. F. Stages of change in psychotherapy: measurement and sample profiles. *Psychotherapy: Theory, Research and Practice*, v. 20, n. 3, p. 368-375, 1983.

MEJIA, X. E. Gender matters: working with male survivors of trauma. *Journal of Counseling and Development*, v. 83, n. 1, p. 29-40, 2005.

MEYER, B. *et al.* Treatment expectancies, patient alliance, and outcome: further analyses from the NIMH Treatment of Depression Collaborative Research Program. *Journal of Consulting and Clinical Psychology*, v. 70, n. 4, p. 1051-1055, 2002.

MILLER, I. J. Time-limited brief therapy has gone too far: the result is invisible rationing. *Professional Psychology: Research and Practice*, v. 27, n. 6, p. 567-576, 1996.

MILLER, W. R. Motivational interviewing with problem drinkers. *Behavioural and Cognitive Psychotherapy*, v. 11, n. 2, p. 147-172, 1983.

MOHL, P. C. *et al.* Early dropouts from psychotherapy. *The Journal of Nervous and Mental Disease*, v. 179, n. 8, p. 478-481, 1991.

MONK, G. *Narrative therapy in practice.* San Francisco: Jossey--Bass, 1997.

MYERS, W. *Shrink dreams.* New York: Simon and Schuster, 1982.

PALMER, S. E.; BROWN, R. A.; BARRERA, M. E. Group treatment program for abusive husbands: long-term evaluation. *American Journal of Orthopsychiatry*, v. 62, n. 2, p. 276-283, 1992.

POPE, K. S.; BAJT, T. R. When laws and values conflict: a dilemma for psychologists. *American Psychologist*, v. 43, n. 10, p. 828-829, 1988.

PROCHASKA, J. O.; NORCROSS, J. C. Stages of change. *Psychotherapy: Theory, Research, Practice, Training*, v. 38, n. 4, p. 443-448, 2001.

RADEKE, J. T.; MAHONEY, M. J. Comparing the personal lives of psychotherapists and research psychologists. *Professional Psychology: Research and Practice*, v. 31, n. 1, p. 82-84, 2000.

REIS, B. F.; BROWN, L. G. Reducing psychotherapy dropouts: maximizing perspective convergence in the psychotherapy dyad. *Psychotherapy: Theory, Research, Practice, Training*, v. 36, n. 2, p. 123-136, 1999.

RIND, B.; TROMOVITCH, P.; BAUSERMAN, R. A meta-analytic examination of assumed properties of child sexual abuse using college samples. *Psychological Bulletin*, v. 124, n. 1, p. 22-53, 1998.

ROGERS, C. The necessary and sufficient conditions of therapeutic personality change. *Journal of Consulting Psychology*, v. 21, n. 2, p. 95-103, 1957.

ROGERS, C. *A way of being.* New York: Mariner Books, 1995.

SACHSE, R. The influence of therapist processing proposals on the explication process of the client. *Person-Centered Review*, v. 5, n. 3, p. 321-344, 1990.

SEALY, R. *Finding care for depression*. North York: SEAR Publications, 2001.

SELIGMAN, M. The effectiveness of psychotherapy: the Consumer Reports study. *American Psychologist*, v. 50, n. 12, p. 965-974, 1995.

SELIGMAN, M. *Learned optimism*. New York: Vintage Books, 2006.

SKOVHOLT, T. M; JENNINGS, L. Mastery and expertise in counseling. *Journal of Mental Health Counseling*, v. 27, n. 1, p. 13-18, 2005.

STRAUS, M. *No talk therapy for children and adolescents*. New York: W.W. Norton & Company, 1999.

STOKES, J. P.; LAUTENSCHLAGER, G. Development and validation of the Counselor Response Questionnaire. *Journal of Counseling Psychology*, v. 25, n. 2, p. 157-163, 1978.

STRUPP, H. H.; BLOXOM, A. L. Preparing lower-class patients for group psychotherapy: development and evaluation of a role-induction film. *Journal of Consulting and Clinical Psychology*, v. 41, n. 3, p. 373-384, 1973.

STRUPP, H. H.; FOX, R. E.; LESSLER, K. *Patients view their psychotherapy*. Baltimore: Johns Hopkins University Press, 1969.

SULLIVAN, M. F.; SKOVHOLT, T. M; JENNINGS, L. Master therapists' construction of the therapy relationship. *Journal of Mental Health Counseling*, v. 27, n. 1, p. 48-70, 2005.

TEYBER, E.; MCCLURE, F. Therapist variables. *In:* SNYDER, C. R.; INGRAM, R. E. (Eds.). *Handbook of psychological change*. New York: John Wiley and Sons, 2000.

WALEN, S. R.; DIGIUSEPPE, R.; DRYDEN, W. *A practitioner's guide to rational-emotive therapy*. New York: Oxford University Press, 1992.

WALL, J. *et al.* The ethics of relationality: the moral views of therapists engaged in marital and family therapy. *Family Relations: Interdisciplinary Journal of Applied Family Studies*, v. 48, n. 2, p.139-149, 1999.

WATKINS, C.; SCHNEIDER, C. *Research in counseling*. Hillsdale: Erlbaum, 1991.

WEBSTER, M. Emotional abuse in therapy. *Australian and New Zealand Journal of Family Therapy*, v. 12, n. 3, p. 137-145, 1991.

WERNER, E. Children of the Garden Island. *In*: DELOACHE, J. S. (Ed.). *Current readings in child development*. 2. ed. Needham Heights: Allyn & Bacon, 1994. p. 1-7.

WIERZBICKI, M.; PEKARIK, G. A meta-analysis of psychotherapy dropout. *Professional Psychology, Review and Practice*, v. 24, n. 2, p. 190-195, 1993.

WILKINS, P. Unconditional positive regard reconsidered. *British Journal of Guidance and Counselling*, v. 28, n. 1, p. 23-36, 2000.

WILLIAMS, D. I.; IRVING, J. A. Why are therapists indifferent to research? *British Journal of Guidance & Counselling*, v. 27, n. 3, p. 367-376, 1999.

WINNICOTT, D. W. *Babies and their mothers*. New York: Addison Wesley, 1997.

WINSLADE, J.; MONK, G. *Narrative counseling in schools*. Thousand Oaks: Corwin Press, 2006.

WOODEN, J. *Wooden on leadership*. New York: McGraw-Hill, 2005.

WRIGHTSMAN, L. S. *Assumptions about human nature: implications for researcher and practitioners*. 2. ed. Newbury Park: Sage, 1992.

YALOM, I. *Theory and practice of group psychotherapy*. New York: Basic Books, 1997.

Anotações

Construindo ideias
e conectando mentes

Este livro foi composto com tipografia Bembo Std
e impresso em papel Pólen Soft 80g.
na Promove Artes Gráficas em novembro de 2025.